Ferry Lackner

Das Licht der Engel

Ein »himmlisches« Einweihungsspiel
und praktischer Leitfaden
für die Begegnung mit Engeln
und Schutzengeln

WINDPFERD
Verlagsgesellschaft mbH.

1. Auflage 1993
2. erweiterte Auflage 1994
3. Auflage 1995
4. Auflage 1996

© Windpferd Verlagsgesellschaft mbH, Aitrang
Alle Rechte vorbehalten
Umschlaggestaltung: Wolfgang Jünemann, unter
Verwendung einer Illustration von Prof. Roswitha Schwarz
Kartenabbildungen: Prof. Roswitha Schwarz
Zeichnungen im Innenteil: Berthold Rodd
Gesamtherstellung: Schneelöwe, D-87648 Aitrang
ISBN 3-89385-114-3

Printed in Germany

Widmung

Der Planet Erde und die Menschheit stehen am Beginn eines wunderbaren, eines goldenen Zeitalters - dem Zeitalter vollkommenen Friedens, vollkommener Harmonie, Liebe und Einheit aller Lebewesen. Das Licht der Engel als Wegweiser und Führer hilft uns durch die Zeit der Wandlung.

Dieses Buch ist allen Menschen gewidmet, die bereit sind, hier auf der Erde Heilung, Entfaltung und Transformation mitzugestalten.

Inhaltsverzeichnis

Teil 1
Warum dieses Buch
geschrieben wurde

Das Licht der Engel, das Licht der Wandlung wird - so wie in meinem Leben - zu einem Zeitpunkt in Erscheinung treten, in dem alles versperrt, unzugänglich und vielleicht sogar sinnlos erscheint.

Auf meiner Lebensreise wurde ich über die makrobiotische Ernährungsweise, Zenmeditation, das Polaritätsprinzip von Yin und Yang sowie eine intensive Auseinandersetzung mit dem Taoismus. Schritt für Schritt an unsere christliche Mystik herangeführt. Ich versuchte, im christlichen Glauben Verbindungen zu den östlichen Lehren zu finden.

Ich habe mich intensiv mit meinem Bewußtsein und Meditationen (positives Denken, Visualisierung, Mentaltraining, Kinesiologie und anderes mehr) auseinandergesetzt. Nach anfänglichem Erfolg stieß ich jedesmal auf Grenzen. Es gab keine Antworten und keine Erklärungen mehr.

Wenn ich entmutigt und ratlos war, wurde ich immer öfter von Literatur, die sich mit Engeln befaßte, angezogen.

Der erste wirkliche Kontakt zu den Engeln, gewissermaßen der Einstieg, war die Erlösung und Befreiung verhafteter Seelen durch den Erzengel Andon und seine Helfer, den Elohim. Voller Begeisterung sprach ich mit diesen Engeln und begann, Ihnen zu helfen, gefangene Seelen ins Licht zu führen. Das war und ist sehr befriedigend und erfolgreich. Meine eigenen Energieblokaden und starre Verhaltensmuster, Verlustprogramme und dergleichen blieben jedoch trotzdem erhalten.

In den Büchern über Engel las ich sehr schöne Erzählungen, die mich mit Freude erfüllten, doch sie boten keine befriedigende Lösung für meine damaligen Probleme und Hindernisse. Fast täglich erlebte ich, daß der Schutzkreis aus Liebe und Licht zusammenbrach und daß ich phasenweise physisch und psychisch belastender Energie ausgesetzt war. Immer wieder stellte ich die Frage: Was kann ich tun, um Blockaden und wiederkehrende negative Muster wirklich aufzulösen und auf eine andere Ebene zu transformieren?

Also versuchte ich, meine Situation ganz ehrlich und objektiv zu betrachten, und stellte dabei fest, daß sich leider bestimmte Verhaltensmuster und ihre damit hervorgerufenen Begrenzungen in gewissen Abständen trotz all meiner Lösungsversuche wiederholten. Es war schließlich die Zeit gekommen, die Engel mit ihrem Licht und mit ihrer Kraft als untrennbaren Bestandteil meines Daseins anzunehmen.

Im Innersten fühlte ich, daß sich hinter der unendlichen Vielfalt meiner Probleme eine Struktur verbarg, die immer wieder neue Variationen hervorrief. Ebenso spürte ich, daß die Chakren in diesem Prozeß eine ganz entscheidende Rolle spielten.

Nach einiger Zeit wurde mir klar, daß die Chakrenenergie und ihre Kraft durch mein Bewußtsein ausgelöst wird. Aber der Mentalkörper allein konnte sie nicht bestimmen. Zu oft wurden mir seine Begrenzungen aufgezeigt. Es müssen also noch andere Kräfte darauf einwirken.

In diesem Buch zeige ich Dir die wunderbare Art und Weise des Zusammenwirkens der verschiedenen Energien. Laß Dich vom Licht der Engel erleuchten, dem Licht der Wandlung, und entdecke mit ihnen die versteckten Wunder, die in Deinem Inneren verborgen sind. Die Vielfalt des Daseins der Engel wird Dich jeden Tag neu staunen lassen. Zum einen werden sie durch immer wiederkehrende Gedanken in Dir wirken, bis Du bereit bist, die durch sie vermittelte Erkenntnis anzunehmen. Zum anderen werden sie Dir weitreichende Erkenntnisse und in Deinen Träumen Erklärungen bringen sowie neue Wege zeigen. Vielleicht wirst Du sogar die Stimme der Engel hören oder sie sehen können. Du siehst, im Umgang mit Engeln ist alles möglich ...

Sobald Du Dich für diesen Weg öffnest, vorbehaltlos Dein »Ja« gibst, wirst Du auf einmal in allen Lebensbereichen die Anwesenheit und das Wirken der Engel entdecken. Lebenssituationen, für die es aus intellektueller Sicht keinen Ausweg gibt, werden sich mit Hilfe von Engelskräften zum Segen aller daran Beteiligten lösen. Wirklich anhaltende Veränderung ist das, was wir uns wünschen. Die Meditationen und das Erlösungsprogramm öffnen demjenigen, der sie beziehungsweise es umsetzt, die inneren verborgenen Welten. Vollkommene Entfaltung ist das Resultat - das ist ein göttliches Versprechen der Engel.

Ich habe dieses Buch geschrieben, um auch Dir einen Weg zu dieser vollkommenen Entfaltung zu zeigen, damit Du eine Grundlage in der Hand hast, mit der Du Deinen Weg zu den Engeln finden kannst.

Viel Liebe, Licht, Segen und Freude auf Deinem Weg der Engel, Deinem Weg der Wandlung!

Das Licht der Wandlung

Die Menschheit steht jetzt, mit dem Beginn des Wassermannzeitalters, vor einer großen Wandlung und Veränderung. Der Energiefluß aus den geistigen Welten wird sehr rasch erhöht und dabei ständig feinstofflicher und klarer. Die alten grobstofflichen Energieformen in uns sollen transformiert und umgewandelt werden. Die inneren und geistigen Werte gehören der künftigen Welt. Bei dieser Veränderung wollen uns die Engel leiten, damit der Wandel leicht und einfach wird und rasch abläuft.

Die meisten Menschen sind noch sehr stark auf alles Äußere, die Welt der Erscheinungen und Umstände, fixiert und versuchen daher, Probleme auch dort zu lösen oder diesen Vorstellungen entsprechend zu verändern.

Die Hilfe und das Licht der Engel führt uns jedoch nach innen, damit wir in uns selbst die wirklichen Ursachen erkennen und in der Lage sind, sie zu transformieren. Wahre Wandlung, Veränderung und Kraft kann nur in uns stattfinden. Das kosmische Gesetz - so wie oben, so auch unten; so wie innen, so auch außen - ist immerzu und ausnahmslos wirksam. Die Engel führen uns zur Erkenntnis, daß im »Außen«, in der sichtbaren materiellen Welt, nur das in Erscheinung treten kann, was in uns ist. Zuerst ist der Geist, dann erst die materielle Umsetzung. Jede äußere Veränderung, die ohne vorherige innere stattfindet, wird stets in Enttäuschung enden.

Bevor ich Dir jetzt die Engel und ihre Kraft vorstelle und Dir zeige, wie Du Kontakt mit ihnen aufnehmen kannst, benötigst Du noch ein paar Grundlagen über die Energien, die im Kosmos, auf der Erde und in Dir vorhanden sind.

Alles im Universum ist Energie ...

... Energie in verschiedensten Formen, Frequenzen und Farben. Sie bildet die unterschiedlichen Körper, Bewußtseinsebenen und Chakren. Grundsätzlich unterscheidet man fünf Energieköper:

Spiritueller, geistiger Körper
Mentalkörper
Emotional- oder Astralkörper
Ätherkörper
Physischer Körper

Alle Körper durchdringen sich gegenseitig, wobei aber jeder in seiner eigenen Frequenz und je nach Entwicklungsphase stärker oder schwächer schwingt. Die Energiekörper verändern sich ständig ...

Der **spirituelle oder geistige** ist der **Körper** der göttlichen, allumfassenden Urkraft. Er wird auch ls Überbewußtsein oder kosmisches Bewußtsein bezeichnet.

Der **Mentalkörper** hat nach dem spirituellen die höchste Schwingungsfrequenz. Er ist die Verbindung zwischen dem spirituellen und dem Emotionalkörper. Ist der intuitive,

Die Fünf Körper

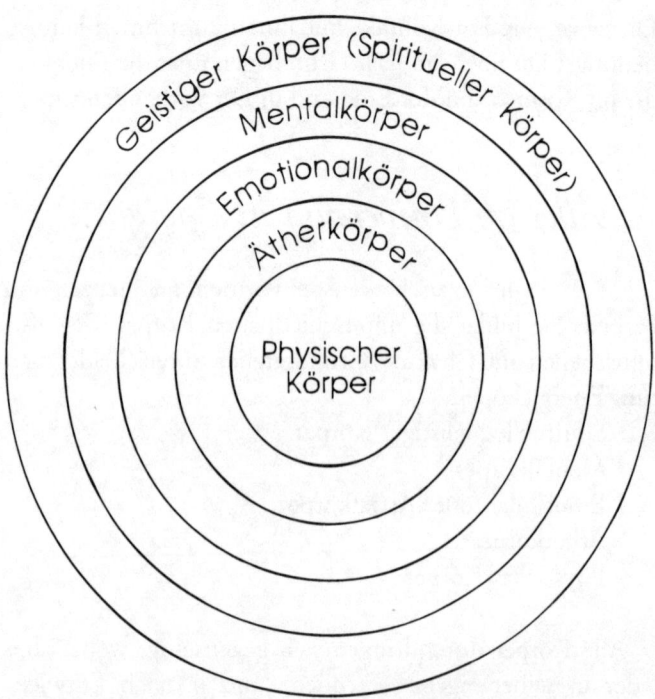

unseres ganzheitlichen Seins

hochschwingende Mentalkörper emotional stark belastet und blockiert, wirkt nur der niedriger schwingende, intellektuelle Mentalkörper durch sein stark begrenztes Denken und Handeln. Der intellektuelle Mentalkörper ist auch als Bewußtseinskörper oder als unser Tagesbewußtsein bekannt.

Der **Emotionalkörper** oder **Astralkörper** trägt unsere Gefühle, Emotionen und Charaktereigenschaften. Er ist der Körper der Anziehungskraft; mit ihm setzen wir alle Erfahrungen und Situationen im Leben um, dem inneren Energiebild entsprechend. Er ist uns auch als Unterbewußtsein bekannt.

Der **Ätherkörper** ist der Träger der Lebensenergie und umhüllt alles in Materie Geformte des Universums. Sobald sich Leben in Materie formt, bildet der Ätherkörper die Chakren, über die er den physischen Körper mit Lebensenergie Ki und Atem (Element Luft) versorgt. Somit ist der Ätherkörper Träger und Energielieferant der Chakren. Löst sich die Materie auf, zerfällt auch der Ätherkörper. Seine Schwingung ist niedriger als die des Emotionalkörpers. Dadurch ist er Verbindungsglied zwischen Emotional- und physischem Körper, zum Teil auch zum spirituellen Körper.

Der **physische Körper** ist der Ausdruck unseres derzeitigen Energiebildes. Mit ihm haben wir durch das Gesetz der Polarität die Chance, unsere unerlösten Energien zu erkennen und zu transformieren.

In diesen fünf Körpern sind hauptsächlich die Energien unseres Karmas (die aus früheren Leben mitgebrachten erlösten und unerlösten Energien) gespeichert. Gleichzeitig werden aber auch die Erfahrungen des gegenwärtigen Lebens hinzugefügt.

Die große Aufgabe der Erzengel, der jeweiligen Hüter der Energiekörper, ist es, das kosmische Prinzip von Ursache und Wirkung zu erfüllen.

Die Energie-Information wird von unserem persönlichen zum entsprechenden kosmischen Energiekörper übertragen. Dort wird die adäquate Energie geformt, so daß der Verursacher wie ein Bumerang die Wirkung zurückerhält.

Zur Erläuterung: Wenn ich jemanden emotional verletze, wird dies in meinem Emotionalkörper gespeichert, auch wenn ich es bewußt gar nicht richtig registriert haben sollte. Der Hüter des Emotionalkörpers (Erzengel Michael) hat dann die Aufgabe, Energien so zu formen und zu gestalten, daß ich irgendwann diese emotionale Verletzung wiederbekomme. Mentale Verletzungen werden im Mentalkörper aufbewahrt.

War mit der emotionalen Verletzung ein Wunsch verbunden, erfolgt die Speicherung auch im spirituellen Körper. So betrachtet, ist der Energiekörper der Aufbewahrungsort unseres Schicksals, und zwar durch alle Inkarnationen.

In der Energiefrequenz des Erlösungsprogrammes geben die Erzengel auch sehr viele Aufträge, die wir unbewußt oder leichtsinnig gegeben haben, frei. Wenn Du das erkennst und Dein Gefühlsleben zurückverfolgst, siehst Du ein, wie unbedacht Du mit den Gedanken umgegangen bist, leichtfertig gesprochen und gehandelt und wie unbesonnen Du Wünsche mit Dir herumgetragen hast.

Vielleicht wird Dir auf einmal klar, daß Du vor Jahren an einem depressiven Punkt so richtig gefühlsbetont gesagt hast: »Ich mag nicht mehr!« Du erkennst möglicherweise im Rückblick, daß seit diesem Zeitpunkt Krankheit, Resignation, Antriebslosigkeit und ähnliches eingetreten sind. Mit dem Wissensstand von heute weißt Du: Der Wunschauftrag hat sich entsprechend manifestiert! Wie Du um Erlösung solcher Aufträge und Blockaden bittest, ist bei den einzelnen Hütern der Energiekörper beschrieben.

In diese Energiefrequenz gehört auch die Erlösung verhafteter Seelen und die Reinigung, Läuterung und Klärung unserer Lebensräume und Energiefelder. Alle ungeklärten Energien belasten uns sehr. Das erkennen wir erst, wenn wir uns nach der Erlösung und Reinigung frei und leicht fühlen. Es ist eine beglückende Erfahrung, wie Blockaden, jahrelang als Hemmungen in uns, in wenigen Stunden von Erzengeln erlöst werden und alles ungehindert fließen kann.

Die Befreiung der Elemente-Energien schenkt uns Balance, Stabilität und Ausgeglichenheit zurück, die durch die Blockade möglicherweise total verloren waren und uns damit in extreme Situationen gebracht haben. Bei blockierten Elemente-Energien schwingt man von einem Pol zum anderen, findet aber kaum die Mitte, das Gleichgewicht.

Erst die Balance im Element Transzendenz ermöglicht die Harmonie und Ausgewogenheit zwischen Wunsch und dessen Verwirklichung, Umsetzung und Manifestation.

Die Chakren - Energiezentren

Alles, was im Universum materialisiert ist, unterliegt dem Gesetz der sieben Chakren. Als Chakren bezeichnet man die im Kosmos wirkenden feinstofflichen Farbenergiefelder, die hinter den sichtbaren Erscheinungen wirken. Sie sind überall als spiralförmige Mandalas (Farbenergieschwingungen) wirksam. Jede Galaxie, jeder Planet, jedes Element, jeder Kontinent, jedes Land und jede Stadt, selbst jeder Raum hat bestimmte Chakrenfrequenzen. Die sieben Chakren im menschlichen Körper sind Träger der Lebensenergie. Sie sind an verschiedenen bestimmten Stellen vorhanden.

1. Herzchakra:	Es hat sein Zentrum in der Mitte des Brustbeins.
2. Nabelchakra:	Auch Solarplexus-Zentrum genannt. Es hat seinen Sitz ca. 5 cm oberhalb des Nabels.
3. Halschakra:	Das Zentrum ist in der Halsmitte.
4. Milzchakra:	Es wird auch als »**Hara - die Erdmitte**« des Menschen bezeichnet und hat sein Zentrum ca. 2 cm unter dem Nabel.
5. Stirnchakra:	Es befindet sich zwischen den Augenbrauen an der Nasenwurzel.
6. Wurzelchakra:	Der zentrale Punkt liegt zwischen Anus und Genitalien.
7. Scheitelchakra:	Es ist über dem Scheitelbein am Kopf (Fontanelle).

Chakrenanordnung nach der

7. Scheitelchakra

5. Stirnchakra

3. Halschakra

1. Herzchakra

2. Nabelchakra

4. Milzchakra

6. Wurzelchakra

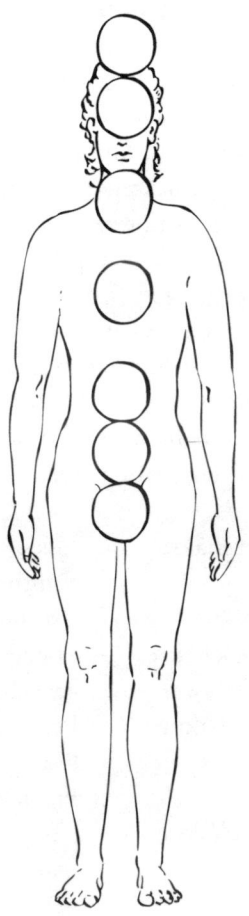

Energie des persönlichen Lebensbaumes

Wenn Du Dich schon mit Chakren beschäftigt hast und mit einer anderen Reihenfolge der Chakren arbeitest, empfehle ich Dir trotzdem, die obengenannte Rangordnung und Einteilung bei dem Befreiungs- und Erlösungsprogramm einzuhalten. Je genauer wir uns mit den inneren Energiebildern befassen, um so vertrauter wird es uns, nach dieser Chakrenanordnung vorzugehen.

Die Chakren geben ihre Energie über unzählige feine Kanäle an unseren ganzen Körper weiter. In den Chakren sind auch die energetischen Bilder der verschiedenen Energiekörper gespeichert. Mit Hilfe der Engel wird es möglich, Blokaden gezielt und wirksam aufzulösen und zu transformieren. Jedes Chakra ist Träger bestimmter Charaktereigenschaften und unerlöster blokierender Energien.

Kann die Energie in den Chakren frei fließen, sind folgende Eigenschaften vollkommen manifestiert:

Herzchakra: Liebe, Harmonie, Heilung, Hingabe, Sanftheit und Zärtlichkeit (Farbstrahlung rosa und grün).

Nabelchakra: Frieden und Ruhe, Dankbarkeit, Gleichgewicht, Freude (Farbstrahlung gelb).

Halschakra: Leichtigkeit, Annehmen, Loslassen, Erlösung, Befreiung, persönlicher Ausdruck, Freiheit (Farbstrahlung hellblau).

Milzchakra: Vertrauen, Selbstwertgefühl, Sicherheit, Stabilität, Ausgleich (Farbstrahlung orange).

Stirnchakra: Inspiration, Weisheit, Glaube, Demut (Farbstrahlung dunkelblau).

Mein persönlicher Lebensbaum

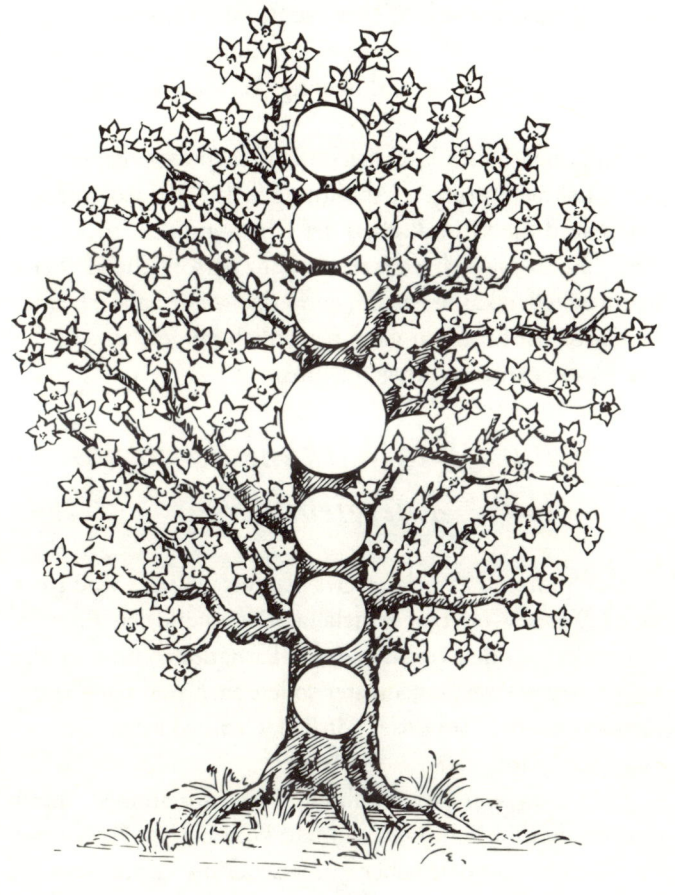

Bemale diesen Lebensbaum mit den Chakrenfarben
(Farben: siehe Seite 18 und 20)

Wurzelchakra: Kreativität, Umsetzung, Manifestation und Erfüllung (Farbstrahlung rot).

Scheitelchakra: Göttliches Licht, Glückseligkeit, allumfassendes Sein, Einheit und Ganzheit, Verwirklichung (Farbstrahlung violett).

Im Lebensbaum lassen sich die Farben der entsprechenden Chakren eintragen (Abbildung S. 19). Bei jedem Menschen sind die Grundfarben der Chakren in Nuancen verschieden, so daß sich jeder seinen ganz persönlichen Lebensbaum erstellen kann. Auf der vorherigen Seite habe ich einen Lebensbaum für Dich ganz persönlich vorgesehen, in den Du Deine Farben eintragen kannst.

Entstehung und Wirkung der negativen Energiebilder

Der Sinn und Zweck unseres Daseins in dieser Welt ist es, unser Wesen weiterzuentwickeln. Die unerlösten Energieblockaden aus den vergangenen Inkarnationen und die neu aufgebauten Verhaltensmuster sollen nach und nach transformiert werden, bis unser göttliches Sein vollkommen entfaltet sein wird.

Durch die von uns gewählten Lebenssituationen, durch das soziale und berufliche Umfeld kommen die unerlösten Energien immer deutlicher und rascher ins Bewußtsein. So wird es möglich, ganz klar sieben negative Energiebilder zu erkennen, die alle erlebten und erfahrenen emotionalen wie mentalen Energiestrukturen erfassen. Sie sind im folgenden erläutert.

Chakra / Energiebild	Innere Emotionalbilder und Erwartungshaltungen	Innere Erscheinungsbilder und Ausdrucksformen	Äußere Erscheinungsbilder und gelebtes Verhalten
Herzchakra / Feindseligkeit	Alle sind gegen mich! Ich erwarte und sehe oft Gegner und Feinde, habe große Angst und bin oft ärgerlich.	Man erlebt im Alltag Feindseligkeiten, Streitigkeiten in den verschiedensten Lebenslagen, überall gibt es Gegner und Widersacher.	Man erleidet viele Niederlagen und Enttäuschungen, wird betrogen und hereingelegt.
Herzchakra / Überbelastung	Alles ist schwer, das ist zu viel für mich! Das halte ich nicht mehr aus! Das schaffe ich nicht; ich bin total erschöpft. Nur ich selbst kann alles richtig machen! Deshalb muß ich alles tun und habe nie Zeit für mich.	Streß, Unruhe, Nervosität, Mutlosigkeit, Erschöpfung, Schlafstörungen oder großes Schlafbedürfnis.	Man trifft auf Menschen, die immer zu viel fordern, denen man nichts recht macht. Man lastet sich zuviel Arbeit auf, man kommt meistens zu spät, weil man für sich noch etwas Zeit gewinnen wollte ...

Chakra Energiebild	Innere Emotionalbilder und Erwartungshaltungen	Innere Erscheinungsbilder und Ausdrucksformen	Äußere Erscheinungsbilder und gelebtes Verhalten
Nabelchakra Reizbarkeit	Alle wollen mich nur ärgern. Orte, Dinge und Menschen sind daran schuld, daß ich gereizt und verärgert bin. Mich nervt alles.	Überempfindlichkeit in allen Bereichen. Ungeduld, Aggression, Kritiksucht, Rastlosigkeit. Alles geht zu langsam. Man will alles kontrollieren, will alle umerziehen.	Man erlebt häufig Menschen und Dinge, die Ärger hervorrufen, fühlt sich kontrolliert. Andere Personen findet man vielfach umständlich, selbst würde man es besser machen.
Halschakra Ablehnung	Ablehnendes, verschlossenes Verhalten; die Leute beobachten mich ständig, sie sehen auf mich herab. Ich bin unerwünscht, nicht gut genug. Mich versteht ja doch keiner. Außenseitergefühl.	Ernste Grundhaltung und Mißmut, Streitsucht, Verschlossenheit, Sturheit, Anhänglichkeit. Vorurteile und Ablehnung.	Man hält andere Menschen für wertlos. Man lehnt sie ohne Grund ab, stößt dadurch sehr oft selbst auf Ablehnung und wird folglich häufig als minderwertig eingestuft.

22

| Chakra

Energiebild	Innere Emotionalbilder und Erwartungshaltungen	Innere Erscheinungsbilder und Ausdrucksformen	Äußere Erscheinungsbilder und gelebtes Verhalten
Milzchakra

Falsches Handeln | Alles, was ich mache, ist falsch. Was ich tue, ist nichts wert. Die anderen können alles besser machen. Wer weiß, ob jetzt der richtige Zeitpunkt ist, etwas zu tun ... | Man lehnt Vorschläge und Hilfsangebote ab. Man ist hochmütig, gleichzeitig aber unzufrieden. Man ist sehr negativ eingestellt, bei mangelnder Konsequenz und Ausdauer. Man entmutigt sich selbst und ist neidisch auf den Erfolg anderer. Starke Minderwertigkeitsgefühle und Entscheidungsschwäche. | Man hat Kollegen, die Arbeiten sehr oft falsch machen. Man ist von unzufriedenen, negativ eingestellten Menschen umgeben, begegnet Hochstaplern und Betrügern. |
| Stirnchakra

Falsches Handeln *) | Unsicherheit, Arroganz, Hochmut, Tagträumerei, Realitätsabwendung, Zweifel und Ängste. | Weltflucht, Suchtabhängigkeiten, Hörigkeit, Unehrlichkeit, Angeberei. | Man bewegt sich in Personenkreisen, die den inneren Bildern entsprechen. |

*) Dieses »Falsche Handeln« entspricht mehr den mentalabstrakten Programmen.

Chakra Energiebild	Innere Emotionalbilder und Erwartungshaltungen	Innere Erscheinungsbilder und Ausdrucksformen	Äußere Erscheinungsbilder und gelebtes Verhalten
Wurzelchakra Störung und Hemmung	Ich werde immer gestört, ich fühle mich blockiert und gehemmt. Unzufriedenheit und Schuldgefühle sind beherrschend. Alles ist nur mit Schwierigkeiten und viel Aufwand schwer erreichbar. Gefühl der Unfähigkeit und Schüchternheit.	Unsicherheit, Schüchternheit, Nervosität, Traurigkeit, Handlungsunfähigkeit, Selbstzerstörungstendenzen, Schuldhaftigkeit; kränkelnde Schwäche.	Man trifft auf Mitmenschen, die vieles verzögern, Termine platzen, Absagen, man erhält Schuldzuweisungen, ist von entscheidungsschwachen Menschen umgeben, die gehemmt, verstört und/oder kränklich sind.
Scheitelchakra Verlust	Verlustangst in allen Lebensbereichen, Besitzgier, Neid, Selbstmitleid, großer Negativtrend, Absicherungsbedürfnis, Einsamkeit, Geltungsdrang.	Festhalten von Dingen und Menschen. Alles, was ich gerne habe, verliere ich; nie bekomme ich all das, was ich mir wünsche. Alles entgleitet mir, ich werde nicht geliebt.	Man erlebt überall Verluste, findet selten anhaltende Befriedigung, kaum Arbeit, sieht überdeutlich Mangel und Armut; zieht geizige, unerhrliche Menschen an.

Die Verankerung der sieben negativen Energiebilder in unseren Chakren und Energiekörpern verhindert, daß wir uns so geben, wie wir eigentlich sind, und daß die Chakren geöffnet sind. Jede äußere Veränderung ohne Auflösung der Energiebilder bringt nur kurzzeitige Linderung, da nach dem kosmischen Gesetz die innere Vorstellung - also die Einstellung zum Leben - immer die äußere Wirklichkeit gestaltet. Deshalb spiegeln die Menschen, die uns umgeben, auch nur unsere innere Einstellung wider.

Ebenso bringen positive Affirmationien allein kaum bleibenden Erfolg: mit Affirmationen wird dem negativen Energiebild lediglich der andere Pol gegenübergestellt. Gewöhnlich wird deshalb nach einiger Zeit der innere Druck und Kampf der beiden antagonistischen Energien noch größer. Affirmationen wirken aber dann sehr unterstützend, wenn zugleich mit der Erlösungs-/Führungsenergie (siehe Kartenbeschreibungen in Teil 5) gearbeitet wird. Dann können sie ihre volle Kraft entfalten. Dabei wird unser Wunsch zur Veränderung an die Engel übergeben.

Das Licht der Engel ist Hilfe bei der Erlösung und Befreiung.

Teil 2
Die Engel -
ihre Kraft und ihr Dasein

Engel sind die zu Gestalten verdichteten Energien Gottes in den jenseitigen Welten. Sie sind die Strahlen und das Licht Gottes in uns und um uns. Sie sind die Hüter und Träger der geistigen Gesetze des Universums. Ihre Energie und Kraft ist grenzenlos. Die Engel wirken in den verschiedenen Bereichen des Himmels.

Die Erzengel sind die Hüter aller Welten und Galaxien sowie der Elemente Luft, Feuer, Wasser, Erde und Transzendenz. Außerdem sind sie der Ursprung und die Verbindung zurück zum vollkommenen Sein, zur Einheit und Ganzheit.

Im Menschen wirken Engel in Form von Farbe, Licht und Energie. Zugleich sind sie die Hüter der Energiekörper, der Bewußtseinsebenen und der Chakren. In der christlichen Religion und Mystik sind Engel die Begleiter aller Menschen, die sich auf dem spirituellen Weg befinden. Auch in den anderen großen Religionen dieser Welt haben die Menschen diese Energien wahrgenommen und mit anderen Namen belegt.

Wenn wir uns bewußt der Führung der Engel anvertrauen, dann helfen sie uns, das Chaos in unserem Denken und Handeln zu klären, damit wir die göttliche Ordnung hinter allen Erscheinungen des Lebens erfahren können. Liebevoll lehren sie uns, die Einzigartigkeit unseres Seins zu erkennen und uns mit all seinen Möglichkeiten zu entfalten. Engel führen uns - zurück zu Einheit und Ganzheit, zur Erfüllung und Verwirklichung unserer Lebensaufgabe in dieser Welt.

Christus, Maria und die Erzengel haben die Aufgabe, gemeinsam mit uns den Himmel auf die Erde zu bringen und die Erde wieder in ein Paradies zu verwandeln. Sie wirken in jedem Menschen seiner Entwicklung entsprechend. Je größer unsere Hingabe, unsere Demut und unser Glauben an ihre Führung ist, desto intensiver unterstützen sie uns.

Öffnen wir uns ihrem Schutz, erleben wir eine sanfte, grenzenlose und liebevolle Verwandlung und werden frei von allen inneren Begrenzungen. Je länger und intensiver diese Führung anhält, um so größer werden die Wunder sein, die geschehen.

Wer sich einmal für die Führung durch Christus, Maria und die Erzengel geöffnet hat, kann sich sicherlich nie mehr einem anderen Meister oder Wesen als Führer anvertrauen.

Unser Sonnenengel - das Höhere Selbst

Gott ist alles - das Meer der Unendlichkeit. Unser Sonnenengel - das Höhere Selbst - und unser individuelles Sein sind ein Tropfen dieses unendlichen Meeres.

Unser Sonnenengel ist unser ständiger Begleiter von Geburt an. Es ist der unsterbliche, göttliche Teil in uns und im Kosmos, von dem wir durch unsere Egozentrik, fehlenden Glauben und die Vorstellung einer Losgelöstheit unseres Ich abgespalten sind.

Wir alle haben sehr viele göttliche Helfer und Begleiter auf unserem Erdendasein. Der bekannteste Begleiter ist unser Schutzengel. Auch er ist ein göttlicher Engel, der sich die Aufgabe gestellt hat, uns in allen Bereichen des Lebens zu helfen und zu leiten.

Entsprechend unserer Entwicklung, das heißt unseres Bewußtseinsniveaus, erhalten wir Schutzengel und Begleiter aus verschiedenen himmlischen Ebenen.

Wenn wir mit den höheren Welten in Kontakt treten wollen, ist es ganz wichtig, daß wir wirklich um göttliche Engelführung bitten. Nur dann können sie uns auch ihr vollkommenes, grenzenloses göttliches Bewußtsein manifestieren.

Sehr viele Menschen glauben, wenn sie Kontakte zu Verstorbenen haben, sei dies auch ein Kontakt zu ihrem Schutzengel. Bei diesen Kontakten handelt es sich zumeist um Seelen, die selbst nur in einem unvollkommenen Bewußtseinszustand sind, und dementsprechend kann auch ihre Führung nur begrenzt sein. Außerdem führen solche

Begegnungen oft zu noch größerer Unsicherheit, Angst oder sogar Abhängigkeit - selbst Besetzung und Geistesverwirrung kann die Folge sein.

Unser wirklicher Schutzengel ist ein göttlicher Engel, der im vollkommenen Seinszustand in der Einheit mit Gott lebt. Nur bei ihm sind wir göttlicher Führung sicher. Unser Sonnenengel und alle anderen göttlichen Engel sind jederzeit bereit, vollkommene Führung, Heilung, grenzenloses Sein, vollkommene göttliche Liebe und Glückseligkeit zu schenken. Sie schwingen mit höchster Gottesenergie.

Wenn wir uns mit dieser Energie verbunden haben, wird mit jedem Tag unser Leben hier auf Erden wunderbarer, glücklicher, leichter und schöner.

Um die Energie und das Licht der Gotteskraft des Sonnenengels besser zu verstehen, stellen wir uns folgendes vor: Wir betreten einen Raum, in dem es bei jedem Schritt, den wir gehen, immer heller wird. Das Licht unseres Sonnenengels ist strahlend und weißgolden, unendlich heller noch als ein Blick in die Sonne. Ein Licht - so stark, daß wir es kaum ertragen können. Deshalb kommt es oft vor, daß wir zuerst Verbindung mit Engeln haben, die ihre Energie und damit auch ihr Licht reduziert haben - wir können uns deshalb leichter auf die Wahrnehmung dieses Lichts einstellen.

Auch unser Energiekörper strahlt in Licht, jedoch wesentlich schwächer als das der Engel. Indem wir uns der Führung durch den Sonnenengel öffnen und sogar darum bitten, wird sofort die Lichtschwingungsfrequenz in unseren Energiekörpern erhöht, und es findet Reinigung, Läuterung und Transformation grobstofflicher Energie statt.

Große Hindernisse bei der Begegnung mit Engeln sind die in uns wirkenden mentalen und emotionalen Vorstellungen, Verhaltens- und Glaubensmuster, die bei den meisten Menschen Leben für Leben begrenzender und destruktiver wirken. Der Kontakt und die Arbeit mit dem Licht und der Kraft der Engel erfordert von uns Verantwortung und bewußte Hingabe.

Einführungsgebet

Suche Dir zunächst in Deiner Wohnung einen Platz, der Dir Freude, Harmonie und Ruhe bringt. Ernenne diesen Platz zu deinem Engelsplatz, zu Deiner Kraft- und Lichtquelle in Deinem Heim.

Gestalte den Platz so liebevoll, wie Du kannst, denn Engel haben großen Sinn für Kunst, Schönheit und Ästhetik. Benutze im Gebet und auch in den Meditationen nur helle Kerzen. Damit symbolisierst Du Deine Bereitschaft, nur reinste göttliche Energie und höchstes Licht zuzulassen.

Entspanne Dich liegend bei Sphärenmusik. Konzentriere Dein Bewußtsein ganz auf das Hier und Jetzt. Atme tief ein und aus und lasse beim Ausatmen alle Gedanken los. Versuche, Deinen Kopf zu leeren und zu öffnen.

Bitte nun den Erzengel Michael, Dein ganzes Wesen und Sein mit seiner blauen Heilflamme von allen Dich blockierenden Energien freizubrennen, damit er danach mit seinem Schwert alle Energien, die er herausgelöst hat, abtrennen kann.

Bitte nun die Erzengel - zwei rechts, zwei links, zwei am Kopf und zwei an den Füßen -, sich zu einem Kreis zu verbinden und Dich in ihrem Schutz und Lichtkreis zu führen. Es sind die Erzengel Metatron, Michael, Gabriel, Haniel, Raphael, Camael, Uriel und Dein Sonnenengel.

Bitte nun Jesus und Maria, Dein ganzes Wesen und Sein vollkommen mit goldenem und göttlichem weißen Licht zu erfüllen. Jedesmal, wenn Du dieses Einführungsgebet sprichst, wird Dein Schutzkreis und die Führung größer und inniger.

Gebet zum Sonnenengel

Nach dem Einführungsgebet läßt Du die Erzengel mit dem goldenen und weißen Licht wirken. Fühlst Du Dich dann leicht und gelöst, kannst Du Dich geistig auf den Kontakt mit Deinem Sonnenengel vorbereiten.

Denke konzentriert oder - wenn möglich - sage es laut:

»Ich bin jetzt bereit, mit Dir, mein Sonnenengel, mein göttliches Höheres Selbst, in Kontakt zu treten. Ich bin jetzt bereit, mein ganzes Wesen und Sein Deiner liebevollen Führung, Deinem Licht und Segen zu übergeben. Bitte gib mir ein Zeichen Deiner Anwesenheit, Deiner Kraft und Deiner Energie in mir und um mich. Danke - Amen.«

Nachdem Du dies dreimal gedacht oder laut gesprochen hast, verweile einige Zeit, habe keine bestimmten Erwartungen, sei einfach offen für das, was sich Dir offenbaren wird, und folge Deinem Atem. Gedanken werden kommen - laß sie vorbeiziehen und konzentriere Dich immer wieder und wieder nur auf Deinen Atem.

Wenn Du schon Kontakt zu Deinem Schutzengel hattest, aber nicht weißt, ob er auch Dein Sonnenengel ist, kannst Du das auf folgende Weise herausfinden:

Stelle die Verbindung zu dem Engel, mit dem Du vorher Kontakt hattest, her und frage ihn danach. Spürst Du dabei die gleiche kraftvolle Energie oder das gleiche Licht wie bisher, so bist Du bereits mit Deinem Sonnenengel in Kontakt.

Spürst Du hingegen diesmal nichts, so war bis jetzt ein anderer Engel Dein Führer. Bedanke Dich bei ihm für seine liebevolle Lenkung und sage ihm, daß Du nun bereit bist, Deinen Sonnenengel - Dein Höheres Selbst - kennenzulernen. Er wird sich sehr freuen und Dir helfen, Deine Energiefrequenz anzuheben und die Verbindung herzustellen.

Hast Du ausreichend Zeit, wiederhole diese Übung morgens und abends. Finde Deinen Rhythmus und bleibe konsequent, aber immer ohne Zwang oder Druck.

Wenn Du ein Zeichen in Form seiner Kraft und Energie erfahren hast, vertiefe den Kontakt, bis es Dir möglich ist, ihn überall und jederzeit aufzunehmen. Dein Sonnenengel ist immer bereit. Es kann jedoch sein, daß Du durch Beruf und das Tagesgeschehen energetisch so niedrig schwingst, daß die Information des Engels Dich nicht erreichen kann. Alles ist von Deiner Energie abhängig. Lerne, dies zu akzeptieren, und sei geduldig - ohne Ärger. Dein Vertrauen und die Hingabe werden mit einer jeden Meditation von Tag zu Tag wachsen.

Im folgenden gehe ich davon aus, daß Du die Vorgehensweise in einer Meditation und in einem Gebet richtig erfaßt. Es sind deshalb nicht überall diesbezügliche Texte zitiert. Der Textinhalt ergibt sich aus der jeweiligen Beschreibung.

Meditation um den göttlichen Namen

Der Name unseres Sonnenengels ist der uns von Gott gegebene Name, unabhängig von unserem bürgerlichen Namen in dieser Welt. Wenn Du den Namen Deines Sonnenengels weißt, fördert das zusätzlich das Vertrauen und eine noch innigere Vereinigung.

Nachdem Du im Schutz der Engel stehst und den Kontakt mit Deinem Sonnenengel hergestellt hast, denke oder sage dreimal: »Ich bin jetzt bereit, meinen göttlichen Namen zu erfahren. Mein lieber Sonnenengel ...«

Kommt in der Meditation ein Name, den Du bereits kennst, so entlasse diesen aus Deinem Bewußtsein und öffne Dich wieder für weitere Informationen. Hast Du schon einen Namen für Deinen Schutzengel, weißt aber nicht, ob es der Name Deines Sonnenengels ist, so denke weiter konzentriert an den Namen. Spürst Du dann die Kraft Deines Sonnenengels, die Dir inzwischen schon vertraut ist, so hattest Du bereits den Namen, ansonsten öffne Dich wieder für einen neuen.

Verfahre so mit jedem Namen, der Dir ins Bewußtsein kommt, bis Du sicher bist, den Namen Deines Sonnenengels zu wissen. Kennst Du den Namen, lenke so oft wie möglich Deine Gedankenkraft darauf. Sage immer wieder: »Mein Sonnenengel ... wirkt vollkommen in mir!« Jedesmal wird die Verbindung und Führung tiefer und inniger. Dein Dank ist der Lohn für die Liebe Deines Sonnenengels.

Nimm ein weißes Blatt und schreibe:

»Das Bild meines Sonnenengels am ...«

und male ihn dann so, wie Du ihn siehst.

Der Weg der Wandlung

Wo immer Du gerade im Leben stehst, was immer auch Deine Probleme und Energieblockaden sein mögen, mit dem Licht und der Hilfe der Engel beginnt in Deinen Energiekörpern und Chakren die Veränderung und Wandlung, die Erlösung und Befreiung.

Diese innere Erlösung und Befreiung der negativen Energiebilder wirkt sich dann auch auf spiritueller, mentaler, emotionaler und körperlicher Ebene und auch auf Dein Umfeld positiv aus.

Da jeder Mensch einzigartig ist, so sind es auch die Erlebnisse und Erfahrungen, die auf dem Weg der Wandlung geschehen. Es kann auch vorkommen, daß sich gewisse Situationen und Umstände verstärken, bevor sie transformiert werden.

Während dieser Zeit ist es nicht notwendig, äußere Gewohnheiten und Hilfsmittel, die bisher verwendet wurden, abrupt zu beenden oder gewaltsam zu unterdrücken; sie können ohne weiteres parallel zum Auflösungsprogramm beibehalten werden. Mit zunehmendem Vertrauen und größeren Erfahrungen im spirituellen Bereich nimmt die äußere Suche nach und Verwendung von Hilfsmitteln von allein ab. Die Befürchtung, etwas falsch zu machen, ist ebenso unbegründet: Die Führung und Hilfe der Engel ist ganzheitlich und wirkt entsprechend der persönlichen Entwicklung immer vollkommen.

Meditationen und Gebete

Sie sind die Zeichen unserer Bereitschaft zur Wandlung und Entwicklung. Jedes Gebet und jede Meditation enthält die Wirkung und Kraft ihrer inneren Intensität und Hingabe. Beständigkeit und Wiederholung stärken in Dir Hingabe, Glauben und Demut.

Stelle Dich bei Deinen Meditationen und Gebeten ganz auf die Einzigartigkeit Deines Wesens und Seins ein. Gebete herunterzulesen oder nachzusprechen, ohne daß Du Deine eigene Energie einbringst, ist wertlos. Formuliere die Worte ganz bedacht, dann haben Deine Gebete eine starke Wirkung.

Dreimaliges Denken oder Sprechen eines Gebetes erhöht die Wirkungskraft auf allen Bewußtseinsebenen. Beim ersten Mal erfüllt es Deinen spirituellen Körper. Beim zweiten Mal erfüllt es Deinen Mental-, Emotional- und Ätherkörper. Beim dritten Mal erfüllt es den Ätherkörper und den physischen Körper.

Die Unterscheidung zwischen Gebet und Meditation ist sehr individuell. Grundsätzlich spricht man von Meditation, wenn mit Gebet oder ohne Gebet eine Zeit des inneren Wirkens und der Entspannung verbunden ist.

Stelle vor jedem Gebet und jeder Meditation Dein ganzes Wesen und Sein in den Schutz der Erzengel.

Gebet der vollkommenen Hingabe

»Gott, Jesus Christus, Heilige Maria, all ihr göttlichen Erzengel, mein lieber Sonnenengel, Euer Wille geschehe, im Himmel so wie auf Erden, Euer Wille geschehe vollkommen in mir und um mich. Mein ganzes Wesen und Sein und alle meine Angelegenheiten lege ich ab jetzt in Eure liebenden Hände und in Eure Führung zur vollkommenen Erfüllung und Verwirklichung. - Amen.«

Teil 3
Die Erzengel _
Hüter der Energiekörper und Elemente

Erzengel Metatron - König der Engel

Hüter des spirituellen Körpers
Hüter des Elementes »Transzendenz«
Hüter des göttlichen Lichtes
Hüter unserer Wünsche
Hüter des Scheitelchakras

Der Erzengel Metatron erscheint vor allem mit weißem, goldenem und violettem Licht, zeigt sich aber auch in golddurchzogenem hellroten Licht.

Hüter des spirituellen Körpers

Unser spiritueller Körper ist unser höchster feinstofflicher Körper. Er stellt die Verbindung zum allumfassenden kosmischen Körper her. Unser geistiger und spiritueller Körper gerät, wenn unsere anderen in niederen Energiefrequenzen verhaftet sind, immer wieder in den Einfluß gefallener Lichtengel, sogenannter kosmischer Narren, die uns noch tiefer ins Negative herunterziehen wollen (siehe hierzu auch Teil 4 »Erlösung und Befreiung von Seelen«). Dies äußert sich dadurch, daß wir im Spirituellen Illusionen und Täuschungen erleben. Die Energien gefallener Lichtengel hinterlassen in unseren Energiefeldern unklare, niedrige Schwingungen.

Hüter des Elementes Transzendenz

In der Meditation sehen wir das goldene Licht des Erzengels Metatron im Scheitel- und Herzchakra. Die Heilfarbe »gold« ist die Farbe der Umwandlung und Transzendenz, die Farbe der göttlichen Alchimie.

Hüter des göttlichen Lichtes

Das von Erzengel Metatron gehütete göttliche Licht erhellt unsere Schattenseiten und bringt im Verborgenen liegende Wesenszüge und überlebte Muster ins Bewußtsein - sie werden dadurch sichtbar, und wir können sie bearbeiten. Wenn Du in Situationen steckst, in denen Du Deinen Weg nicht erkennst und die Zukunft wie im Nebel liegt, kann Dir das göttliche Licht helfen zu erkennen, welche Energieblockaden für Dich ein Weitergehen, die Lösung Deiner Probleme oder Veränderungen in Deinem Leben verhindern.

Das göttliche Licht bringt Dir schnell Klarheit. Vielleicht sieht das, was Du erkennst, ganz anders aus, als das, was Du erwartet hast.

Worum auch immer wir die Engel bitten, sie lassen Erlösung erst dann zu, wenn wir die Ursache unserer Blockaden ganz bewußt erkannt haben. Das Thema ist Erlösung und Befreiung. Bevor sie stattfinden kann, müssen alle Schatten ins Bewußtsein gebracht werden. Unbewußtes zu erlösen hätte keinen Sinn und wäre gegen das göttliche Gesetz des freien Willens. Wir hätten sonst ja auch keine Erkenntnisse, könnten sie also auch nicht in die Zukunft projizieren - um damit alte Fehler und überholte Muster zu vermeiden.

Du kannst ganz gezielt in bestimmten Situationen um göttliches Licht bitten. Ist Deine Verbindung und Dein Vertrauen zu den Engeln bereits innig und tief, bitte sie einmal, Dir das Licht der Klarheit und Erkenntnis zu zeigen. Du wirst spüren, wie liebevoll sie Dir dienend zur Seite stehen. Es ist großartig und wunderbar. Öffne Dich und sei bereit, es zu empfangen.

Hüter unserer Wünsche

Unsere Herzenswünsche und Visionen sind göttliche Energien. Engel geben uns hierbei hilfreiche Zeichen: welchen Lebensauftrag wir mit uns in dieses Leben gebracht haben und welchen Sinn folglich unser Dasein hat.

Unsere Einsicht ist noch begrenzt, und die Macht unseres Ego schafft sich Umstände, die oft weit von dem Auftrag, den wir für diese Inkarnation haben, entfernt sind. Wenn wir zu lange und zu stark eigensinnig und kontrollierend im Leben kämpfen, kommt es zu einem Überdruck, zu einem Überlebenskampf, bei dem uns immer mehr und stärker Energie verlorengeht.

So intensiv, wie wir bereit sind, an die Herzenswünsche und Visionen zu glauben, mit solch einer Hingabe sollten wir sie den Engeln übergeben - ihnen deren Erfüllung und Verwirklichung überlassen. Mit dem Glauben streifen wir den eigenen Willen ab. Je eher und nachhaltiger uns das gelingt, um so rascher und auf wunderbar leichte spielerische Weise werden unsere Wünsche zum Wohle aller Beteiligten - und das ist wichtig - in Erfüllung gehen.

Mit zunehmendem geistigen Wachstum und fortschreitender Entwicklung entdecken wir, daß manch ein Wunsch, der uns noch vor kurzem wichtig erschien, mit dem derzeitigen Bewußtseinszustand nicht mehr übereinstimmt - und für uns den Wert verloren hat. Doch die neuen Erkenntnisse und Einsichten bringen auch andere Visionen und Wünsche.

Wenn nun aber die alten unerfüllten Wünsche in uns weiterleben, das heißt, unsere Energien blockieren, entstehen negativ wirkende Spannungsfelder: wir spüren sie physisch als Antriebslosigkeit und Müdigkeit. Diese Spannungsfelder beziehungsweise Blockaden beeinträchtigen unser Selbstwertgefühl, erzeugen Schuldgefühle und Selbstzweifel bis hin zu Depressionen.

Um sich dieser Blockaden bewußt zu werden, ist die Hilfe der Erzengel Metatron und Michael wichtig. Bitte zuerst den Erzengel Michael, daß er alle Energien, die mit den alten, für Dich nicht mehr wichtigen Wünschen zusammenhängen, mit seiner blauen Heilflamme aus Dir herausbrennt und alle damit verbundenen Energien von Dir abtrennt. Danach bitte den Erzengel Metatron, das für Dich jetzt nicht mehr wichtige dazugehörende Muster aufzulösen.

Bitte die Engel sowie alle Personen (Freunde, Bekannte, Lehrer, Eltern, Partner), die mit dem erlösten Wunsch verbunden waren, um Vergebung und Verzeihung.

Nach diesen Gebeten bist Du und alle Personen, die von solchen Wunschprojektionen betroffen waren, sowie die durch dieses Gedankenmuster blockierte Energie wieder frei - Raum für Neues ist geschaffen!

Prüfe dann, wenn Du einen Wunsch hast, ob er einen Bezug zu Deinen wahren Herzenswünschen und Visionen hat. Wünsche sind eine starke Kraft: Die meisten gehen in Erfüllung, manchmal in veränderter Form, wenn wir unseren Wunsch nicht genau genug formuliert haben. Manchmal im unpassenden Moment, wenn wir keine klare zeitliche Vorgabe gegeben haben. Es ist deshalb wichtig, immer und vor allem die Motivation zu prüfen, die einem Wunsch zugrunde liegt ...

Stelle Dir folgende Fragen:

Was will ich mit der Erfüllung dieses Wunsches wirklich erreichen?

Kann ich mit der Wunscherfüllung (neuen Situation) auch umgehen?

Werde ich dann glücklicher sein?

Trägt sie zu meiner Selbstverwirklichung bei?

Wenn Du dies alles sorgfältig und nach bestem Wissen und Gewissen geprüft hast, formuliere Deine Wünsche kurz und treffend. Übergebe ihre Erfüllung und Verwirklichung in folgender Meditation einer höheren Macht:

> *»Lieber Erzengel Metatron, Hüter der Wunscherfüllung und Verwirklichung meines göttlichen Seins, in Deine liebenden führenden Hände lege ich jetzt folgende Wünsche zur vollkommenen Erfüllung zum Wohle aller Beteiligten. Dein Wille geschehe im Himmel wie auch auf Erden. Dein Wille geschehe in mir und um mich mit diesen Wünschen. - Amen.«*

Erzengel Raphael - der Heiler Gottes

Hüter des Mentalkörpers
Hüter des Elementes Luft
Hüter der Heilung
Hüter des Herzchakras

Der Erzengel Raphael erscheint in allen Grüntönen, auch silberfarben. Er zeigt uns die Energien des Elementes Luft.

Der Hüter des Mentalkörpers

Unser Mentalkörper schwingt zwischen spirituellem Körper und Emotionalkörper. In unseren beiden Hemisphären (Gehirnhälften) liegen die Hauptenergiezentren des Mentalkörpers. Die rechte Hemisphäre ist das Zentrum des intuitiven Mentalkörpers, der die Verbindung zum spirituellen Körper hält. Die linke Hemisphäre ist das Zentrum des intellektuellen Mentalkörpers; sie ermöglicht es uns, mittels Gedanken unsere Wirklichkeit zu erschaffen.

Solange die beiden Hemisphären harmonisch zusammenarbeiten, das heißt, wenn die rechte Hemisphäre die ganzheitliche Führung, die Vision und die linke das »Erschaffen« übernimmt, sind Umsetzung, Erfüllung und Verwirklichung gegeben.

Bei den meisten Menschen dominiert die linke Hemisphäre und übernimmt die Führung. Rein intellektuelles, rationales Denken und Handeln hat Vorrang. Die ständige Dominanz der linken Hemisphäre blockiert aber die rechte - und damit verkümmert auch die Verbindung zu unserem spirituellen Körper.

Hüter des Elementes Luft

Der Erzengel Raphael und seine Engel sind die Führer aller Luft- und Natur-Dewas.* Ihnen unterstehen die Pflanzenzellen mit ihrer grünen Farbe, dem Chlorophyll. Das Element Luft ist ein wichtiger Teil in unserem Energie- und in unserem physischen Körper.

---

*)Natur-Dewas sind Naturgeister und Beschützer, die das Wachstum und Leben der sichtbaren Erscheinungen gestalten und hüten.

Ist die Energie des Luft-Elementes blockiert, fehlt uns die Leichtigkeit und der spielerische Umgang mit unserem Leben. Bei Menschen, die zu erdig sind, sich an Festem, Materiellem wie Auto, Haus oder Besitz im weitesten Sinne festhalten, ist die Luftenergie blockiert. Ist hingegen zu viel davon vorhanden, können wir schlecht Verantwortung für uns, unsere Mitmenschen und alle Wesen des Planeten Erde übernehmen. Wir wirken dann auch auf andere »abgehoben« und weltfremd im wahrsten Sinne des Wortes.

Hüter der göttlichen Heilung

Der Erzengel Raphael ist der Führer aller göttlichen Heilungsengel. Auch die Heilungsenergien unterliegen kosmischen Gesetzmäßigkeiten. Heilung kann auf verschiedenen Ebenen des Bewußtseins stattfinden. Die vollkommene - göttliche - Heilung umfaßt alle Ebenen unseres Seins und ist das eigentliche Ziel des Lebens.

Die Art der Heilungsenergie hängt von dem jeweiligen persönlichen Bewußtsein ab, also auch vom Glauben. Unsere innere Einstellung bestimmt die Frequenz, die uns heilt.

Da wir uns meist gar nicht darüber im klaren sind, welche Form der Heilung bei uns wirksam werden kann, sollten wir sowohl in körperlicher als auch in emotionaler Hinsicht alle Heilungsmöglichkeiten in Anspruch nehmen.

Wenn Du beispielsweise eine körperliche Verletzung erlitten hast, dann nimm im physischen Bereich jede Heilungsmöglichkeit in Anspruch. Für Deine Verletzung gibt es aber auch eine geistige Ursache. Du kannst erst dann vollständig geheilt werden, wenn Du die geistige Ursache für die physische Verletzung kennst. Zunächst kannst Du sicherlich körperlich geheilt werden, doch wirst Du, ohne die seelische Ursache zu kennen, immer wieder ähnliche Verletzungen erleiden. Erst wenn Du die geistige Dimension erkannt hast und bereit bist, das zugrunde liegende Verhalten in Zukunft neu zu gestalten, geben der Erzengel Raphael und seine Heilungsengel die Energie für die vollkommene göttliche Heilung frei.

Gebet und Meditation zur Heilung

> *»Lieber Erzengel Raphael! Ich habe alle mir zur Verfügung stehenden Möglichkeiten in körperlicher, emotionaler und mentaler Form ausgeschöpft. Ich bin nun bereit, die geistige Ursache zu erkennen, die Blockade zu transformieren und Heilung auf höchster Ebene zuzulassen. - Danke!«*

Ändert sich auch nach mehreren Wiederholungen des Gebetes Dein Zustand nur unwesentlich, ist das ein Hinweis, daß Du die Heilung unbewußt noch blockierst. Die wahre geistige Ursache hast Du noch nicht erkannt.

Bitte den Erzengel Metatron, das göttliche Licht der Erkenntnis in die Situation zu bringen. Er wird Dir Licht und Erkenntnis schenken - und wahre Heilung kann einsetzen.

Erzengel Michael -
Helfer und Beschützer Gottes

Hüter des Emotional- oder Astralkörpers
Hüter des Elementes Feuer
Hüter des Karmas
Hüter des Stirn- und Nabelchakras

Der Erzengel Michael zeigt sich zumeist im dunkelblauen Farbspektrum oder in roten Feuersäulen, mit flammendem blauen oder brennendem roten Schwert, mit gelben Farbanteilen im Nabelchakra.

Mit dem Schwert der Trennung wirkt er vornehmlich in den Astralbereichen und Energiekörpern. Dort schützt er uns vor egativen Einflüssen niedriger Astralwesen und gefallener Lichtengel.

Der Hüter des Emotional- oder Astralkörpers

Der Emotionalkörper ist der Träger unserer gesamten Erfahrungen und Gefühle aus dem derzeitigen Leben und aller früheren Inkarnationen. Dem Emotionalkörper werden vom Mentalkörper unsere mentalen Erlebnisse (Gedanken) übermittelt und in ihm gespeichert. Durch das Wiederholen ein und derselben Gedankenmuster - und das geschieht stündlich, minütlich, sekündlich - entstehen die verschiedenen Emotionalbilder, die die analogen Situationen ins Leben rufen. Wenn Du beispielsweise denkst, daß Du unzureichende Fähigkeiten besitzt, dann werden Dir auf der konkreten Daseinsebene Fehler und Mißgeschicke passieren.

Ich betone noch einmal, daß die Meditationen und Gebete natürlich nicht nur gelesen, sondern zelebriert werden sollen. Es ist auch nicht notwendig, daß Du Dich genau an die hier vorgeschlagenen Texte hältst. Wenn Du sie dem Sinn nach übernimmst, kannst Du sie mit eigenen Worten formulieren.

Der Hüter des Elementes Feuer

Das Element Feuer verleiht Dir die Energie der Aktivität und Begeisterung - es wirkt motivierend. Feuerenergie bildet das Charisma, die menschliche Ausstrahlung.

Wenn Du beginnst, auf die inneren Elemente-Energien zu achten, findest Du überraschend schnell heraus, welche Art von Energie blockiert ist. Blockierte Feuerenergie äußert sich entweder in völliger Lethargie und Antriebslosigkeit oder im anderen Extrem in einer übergreifenden Aggression. Damit drückt sich die Feuerenergie aus; sie »verschafft sich Luft«.

Der Hüter des Karmas

Karma sind die aus früheren Leben in diese Inkarnation (Verkörperung) mitgebrachten Energien und Verhaltensmuster, an denen noch gearbeitet, die noch erlöst werden müssen. Diesen Energien entsprechend sucht sich unser Höheres Selbst die Lebensumstände aus, die für unsere Höherentwicklung hilfreich sind.

Unerlöste Karmaenergien zeigen sich oft in immer wiederkehrenden leidvollen Situationen und Umständen. Dazu gehören beispielsweise Ängste, für die es keine Erklärungen gibt, Angst vor Feuer oder Wasser, vor Mauern, in einem Tunnel und so weiter. Jeder von uns kennt aus dem Verwandten- oder Bekanntenkreis Personen, die scheinbar immer vom Schicksal ungerecht behandelt und vom Pech verfolgt werden. Um das zu verstehen, müssen wir wissen: Das Gesetz von Ursache und Wirkung - Saat und Ernte - ist ausnahmslos und jederzeit wirksam.

Gebet zur Erlösung des Karmas

>>*Lieber Erzengel Michael, Du Hüter des Karmas! An Deine Gnade und Barmherzigkeit wende ich mich. Ich bitte Dich und jeden, wer immer es sei und was immer in der entsprechenden Situation auch geschehen ist, aus tiefster Seele um Vergebung und Verzeihung. Ich vergebe mir selbst und allen damit verbundenenPersonen und Wesen von ganzem Herzen. Ich bitte Dich um Erlösung und Befreiung dieses Karmas. - Danke!*<<

Sprich dieses Gebet dreimal täglich (morgens, mittags und abends) drei Tage lang. Dann wirst Du von diesem Karma erlöst. Beobachte in der darauffolgenden Zeit, ob sich an der Situation etwas ändert. Zeigt sich nur eine geringe oder keine Änderung, dann hast Du in Deinem Herzen noch nicht wirklich vergeben und verziehen.

Bete täglich vor dem Einschlafen, bis Du völlig erlöst und befreit bist:

> *»Liebe Erzengel Raphael und Haniel, helft mir bitte in dieser Situation, mir selbst und allen davon betroffenen Personen und Wesen vollkommen zu vergeben und zu verzeihen. Vergebung ist der Schlüssel zum Glück. - Danke!«*

Erzengel Gabriel - der Erlöser, Befreier und Freiheitsengel Gottes

Hüter des Ätherkörpers
Hüter der Erlösung, Befreiung und Freiheit
Hüter des Halschakras
Hüter des Elementes Wasser

Der Erzengel Gabriel erscheint uns in blauen Farbtönen, auch silberbläulich.

Der Hüter des Ätherkörpers

Der Ätherkörper ist der Träger der Lebensenergie, verbunden mit dem Element Luft. Alles Stoffliche umhüllt er mit seiner Energie. Sobald sich der Geist des Lebens in

Materie formt, bildet der Ätherkörper die Chakren, über die er den physischen Körper mit Lebensenergie sowie unsere Atmungsorgane und -wege mit Luft (Prana) versorgt. Sobald sich die Materie auflöst, zieht sich auch der Ätherkörper zurück.

Der Ätherkörper schwingt auf einer breiten Frequenz. Hier wird die Verbindung zwischen physischem und Emotionalkörper hergestellt - bis hin zum spirituellen Körper.

Hüter des Elementes Wasser

Das Element Wasser ist ein Grundelement unseres Seins in dieser Dimension. Zuviel Wasserenergie entspricht in der Wirkung einem Zuviel an Luft. Tagträumerei, aber auch Panik, Ängste, Gefühlsblockaden und starke Abhängigkeiten sind Ausdrucksformen. Psychisch erleben wir das als Gefühlsarmut, mangelnde Eigenliebe, als Nicht-fließen-und-loslassen-Können, als mangelnde Hingabefähigkeit und Flexibilität.

Hüter der Befreiung - Erlösung und Freiheit

Der Erzengel Gabriel ist der Führer aller Engel der Erlösung, Befreiung, Freiheit, Leichtigkeit des Annehmens und Loslassens. Göttliche Energie, das ist die unendliche Liebe, die grenzenlose Freiheit bedingt und schenkt. Unsere Blockaden und Verhaltensmuster, Sorgen und so weiter verhindern diesen unendlichen Strom der göttlichen Liebe. Wenn wir in negative Gedanken, Gefühle und destruktive Energien verstrickt sind, wartet der Erzengel Gabriel darauf, uns befreien zu dürfen.

Erzengel Uriel -
der Engel für Manifestation,
Umsetzung und Erfüllung

Hüter des physischen Körpers
Hüter des Elementes Erde
Hüter der Umsetzung und Manifestation
Hüter der Kreativität
Hüter des Milz- und Wurzelchakras

Der Hüter des physischen Körpers

In unserem physischen Körper spiegeln sich alle unsere feinstofflichen Energiekörper wieder. Er ist die grobstoffliche Energiesubstanz unseres gesamten Seins. Über unseren Körper haben wir deshalb auch die Chance, unerlöste Energien zu erkennen, um sie, wenn wir dazu bereit sind, zu erlösen.

Hüter des Elementes Erde

Uriel ist der Hüter all dessen, was sich für unsere Augen sichtbar im Universum materialisiert hat. Wir bezeichnen diese Materialisierung als »Element Erde«. Haben wir zu viel Erdenergie, sind wir starr, verkrampft und unbeweglich. Haben wir hingegen zu wenig, sind wir - ähnlich wie beim Mangel an Luftenergie - »abgehoben« und weltfremd. Wir finden uns in den alltäglichen existentiellen Gegebenheiten nur schwer zurecht.

Hüter der Umsetzung und Manifestation

Der Erzengel Uriel ist ein mächtiger Helfer, um die Energien unserer Wünsche im göttlichen Sinne zum Wohle aller Beteiligten umzusetzen und zu manifestieren. Bitten wir Uriel, die Führung zu übernehmen, werden bei der Umsetzung unserer Wünsche weder Druck noch Manipulation oder dergleichen notwendig sein. Auf wunderbare Weise wird Bestmögliches für alle Beteiligten geschehen. Jeder wird seinem Bewußtsein entsprechend zufrieden und voller Freude sein: Eine Art von Harmonie, die Menschen, denen die Hilfe der Engel fremd ist, unvorstellbar erscheint.

Hüter der Kreativität

In allen Menschen schlummern unerkannte Fähigkeiten. Wenn wir sie durch die Nebel unserer Gewohnheit erahnen, zweifeln wir oft noch daran, daß wir dieses Talent wirklich besitzen. Gerade diese Fähigkeiten bieten die Möglichkeit, unsere Einzigartigkeit zu erfahren. Wirkliche Freude am Leben ist nur dann möglich, wenn wir unsere ganz besonderen Talente und Eigenschaften zulassen, fördern und in dieser Welt umsetzen. Denn Kreativität ist unsere größte Kraft. Wir müssen nur verstehen, sie fließen zu lassen. Der Erzengel Uriel hilft bei der Entfaltung dieser Wunder bewirkenden Kraft.

Erzengel Camael - der Hüter des Weges

Hüter des Weges
Hüter der zwischenmenschlichen Beziehungen
Hüter der Partnerschaft
Hüter des Milzchakras

Der Erzengel Camael erscheint uns zumeist orangefarben, oft geschmückt mit goldenen Strahlen und Punkten.

Hüter des Weges

Wir alle haben im Leben unseren ganz einzigartigen Weg zu gehen. Dabei haben wir in jedem Augenblick die freie Wahl zwischen Begrenzung (infolge unserer Blockaden) und der beliebigen Freiheit, die Energien fließen zu lassen. Im »Jetzt« können wir alle Schatten der Vergangenheit überwinden und den Weg in eine glückliche Zukunft einschlagen.

Mit der Führung des Erzengels Camael können wir das Leben bewußt und intensiv erfahren - und alle Begrenzungen einfach loslassen. Nur das beständige »Spiel« mit dem bewußten Dasein öffnet den Weg zum allumfassenden Sein und nimmt die Schleier der Unklarheit weg.

Hüter der zwischenmenschlichen Beziehungen

Wir sind durch viele Energien blockiert, die sich im Laufe unseres Lebens - in der Kindheit, durch unser soziales Umfeld, traumatische Ereignisse und so weiter - gebildet haben. Doch die sich daraus ergebenden Probleme, die sich besonders in zwischenmenschlichen Beziehungen zeigen, zwingen uns dazu, mit diesen Energien zu arbeiten, damit sie schließlich harmonisiert werden können. Aber leider bleiben wir zu oft an der Oberfläche der Probleme »hängen« und erkennen die Gelegenheit zur Umwandlung der Energien nicht.

Wenn wir jedoch zur Veränderung bereit sind, hilft uns der Erzengel Camael: Die Energie unserer Beziehungen spiegelt nur unsere eigenen Energien. An den Problemen mit unseren Freunden, Partnern, Kollegen und so weiter erkennen wir unsere Probleme mit uns selbst. In dem Maße, wie wir das akzeptieren können, steigt unsere Bereitschaft zur Selbsterkenntnis und Selbstumwandlung. Camael hilft uns dabei und wirkt wahre Wunder: Aus Trennung wird Einheit, und aus Kampf wird Frieden.

Hüter der Partnerschaft

Die größte Liebe, die wir schenken können, ist die Liebe zu unserem Nächsten. Der Nächste ist immer unser Partner oder jene Person, zu der wir die innigste Beziehung haben. Er spiegelt somit alles wider, das wir an uns selbst ablehnen beziehungsweise was wir nicht lieben können.

Meist werden die Energieblockaden in Partnerschaften sehr intensiv wahrgenommen. Und meist wird uns gar nicht bewußt, daß eigentlich das, was uns am Partner am meisten stört, ja eigentlich nur genau das ist, was in uns als unerlöste Energie noch immer fest verankert ist. Die meisten beginnen dann, an der Beziehung zu zweifeln und verstricken sich in Schuldprojektionen auf den Partner: Was wir in uns nicht erkennen und erlösen, das stört uns am Nächsten.

Und wenn wir »davonlaufen« und uns einen neuen Partner suchen, werden wir nur wieder uns selbst begegnen beziehungsweise dem Teil in uns, vor dem wir weglaufen wollten. Denn wir werden wieder jemandem begegnen, jemanden anziehen, der durch seine Energiemuster (Verhaltensmuster) ganz besonders dazu prädestiniert ist, unsere unerlösten Energiemuster zu spiegeln. Solange wir davonlaufen möchten, werden wir uns mit jeder neuen Begegnung (Beziehung) nur noch stärker und intensiver als zuvor mit unseren Problemen konfrontieren. Auch das ist ein kosmisches Gesetz, unwiderruflich und immer wirksam.

Erst wenn wir bereit sind, die Blockaden in uns zu lösen, wird der Weg zum anderen wirklich frei. Wenn wir uns verändert haben, wird auch unser Partner wie verwandelt sein: das heißt, er wirkt anders auf uns.

Ist der Sinn einer Beziehung durch Blockaden bereits ins Wanken geraten oder schon verloren, weil Harmonie zu lange gefehlt hat, dann bitte den Erzengel Camael um Hilfe und lege Dein ganzes Wesen und Sein und das Deines Partners in seine liebend führenden Hände. Gib die Kontrolle über alles, was in der Beziehung passieren wird, einfach ab, laß völlig los. Versuche nicht mehr, Deinen Partner zu verändern oder zu manipulieren, damit er so ist, wie Du ihn haben willst. Gib die Kontrolle ab, vertraue Dich einer höheren Kraft an. Veränderung und Verwandlung der Beziehung wird stattfinden.

Fast immer wird er die Beziehung heilen, Verständigung und Harmonie ermöglichen. Löst sich die Beziehung dann aber auf, wird es in gegenseitigem Einvernehmen und ohne überflüssige Bitterkeit geschehen.

Wenn Du bezüglich Deiner Partnerschaft aktiv wirksam sein willst, beginne, zusätzlich zum täglichen Gebet Deine persönliche Vergangenheit zu durchleuchten. Gibt es irgendwo aus früheren Bekanntschaften oder Beziehungen unerfüllte Wünsche oder Wunschaufträge? Haben Enttäuschungen und Unsicherheiten zu viel Raum eingenommen? Kommt daher das mangelnde Vertrauen, die Angst vor den anderen?

Fast immer sind solche Blockaden (Verhaltensdefekte) aus der Vergangenheit der Grund für Disharmonie und Streit im Hier und Jetzt. Erkennst Du solche Energien, dann bitte den Erzengel Michael, die Blockade herauszubrennen und abzutrennen. Bitte den Erzengel Metatron, alle Wunschenergien aus der Vergangenheit aufzulösen und den neuen Wunsch nach Harmonie, Liebe, Verständigung und Kommunikation in Deiner Partnerschaft zu erfüllen.

Erzengel Haniel - König der göttlichen Liebe

Hüter der göttlichen, allumfassenden Liebe
Hüter der Sanftheit und Zärtlichkeit
Hüter der Verständigung und Kommunikation
Hüter des Herzchakras

Der Erzengel Haniel erscheint im Farbton rosa, und zwar in allen möglichen Schattierungen.

Hüter der göttlichen allumfassenden Liebe

Liebe ist die größte Kraft des Universums, sie schwingt auf vielen Ebenen. Die vollkommene, reine göttliche Liebe ist unendlich. Sie fordert nicht. Sie ist einfaches Sein in der vollkommenen Erfüllung aller kosmischen Gesetze. Gott ist Liebe.

Der Erzengel Haniel ist der Begleiter auf dem Weg zur Erfüllung und Verwirklichung unseres vollkommenen Seins. Wenn in irgendeinem Lebensbereich Blockaden, Stillstand und Resignation vorherrscht, dann bitte zuerst um Verzeihung. Bitte dann den Erzengel Haniel, daß er göttliche Liebe in Deine momentane Situation bringen und Schutz und Führung übernehmen möge.

Hüter der Sanftheit und Zärtlichkeit

In dieser Welt treten alle unerlösten, niedrig schwingenden Energien als Aggression und Feindseligkeit in Erscheinung. Die Energie dahinter ist Angst. Jede Kritik, jedes Bewerten und Verurteilen zeigt, daß in uns noch Angst vorhanden ist. Selbstablehnung und somit auch Ablehnung nach außen ist die Folge.

Zartheit und Zärtlichkeit sind die große Herausforderung an uns alle. Sie sind nur möglich, wenn wir anfangen, mit uns selbst zärtlich, liebevoll und achtsam umzugehen.

Hüter der Verständigung und Kommunikation

Die Grundenergie hierfür kommt aus dem Herzchakra. Kommunikation findet ihren verbalen Ausdruck über die Energie des Halschakras. Wenn es blockiert ist, kann es zu keiner befriedigenden verbalen Kommunikation kommen.

Erlösung und Befreiung durch den Erzengel Michael

Der Erzengel Michael - Hüter des Elementes Feuer - ist mit seiner göttlichen, blauen Heilflamme Erlöser und Befreier unserer negativen Energiebilder.

Das Erlösungsprogramm fordert von uns Ausdauer und Konsequenz. Sie sind nötig, damit durch die beständigen Meditationen der Kontakt zu den Engeln und ihre Führung tiefer und inniger wird. Wie schon zuvor erwähnt, ist es beim

Erlösungsprogramm wichtig, mit dem Herzchakra zu beginnen. Es ist der Träger der höchsten Energie des Kosmos - der Liebe. Es liegt in der Mitte der Chakren-Reihe. Jeweils drei Chakren befinden sich tiefer beziehungsweise höher. Durch das Einhalten der richtigen Reihenfolge der Chakrenanordnung beim Erlösungsprogramm bleibt die Balance zwischen den langsamer schwingenden, materiebezogenen Chakren und den höher schwingenden, emotional- und mentalbezogenen Chakren gegeben.

Das 60-Tage-Erlösungsprogramm wirkt auch dann, wenn Du das Erlösungsgebet ohne besondere Vorbereitung und Meditation dreimal täglich sprichst. Es wird für Dich sehr hilfreich sein, wenn Du Dir ein persönliches Energiebild erstellst. Die Erkenntnisse, die Du dabei machst, sind phantastisch. Wenn Du Dir die Zeit für Dein persönliches Energiebild nimmst, hole Schreibzeug und Papier und gehe zum Beispiel folgendermaßen vor:

Schreibe:

»Das Energiebild meines Herzchakras am ...«

Umgib Dich mit Deinem Schutzkreis und entspanne Dich. Bitte Deinen Sonnenengel und die Hüter des Herzchakras, die Erzengel Haniel und Raphael, die Dir derzeit im Herzchakra vorhandenen Energien zu offenbaren und zu zeigen. Teile Dein Notizblatt mit einem senkrechten Strich in zwei Hälften. Die eine Seite ist für Deine Wunschenergien, die andere für die Erlösungsenergien bestimmt.

Jetzt stelle die Frage: » *Was ist für mich derzeit vollkommene Liebe, Sanftheit, Zärtlichkeit, Harmonie, Hingabe und Hei-*

61

lung?« Schreibe in die Spalte Deiner Wunschenergien alle Gedanken, Begriffe und Gefühle, die Dir dazu einfallen.

Danach bitte darum, daß Dir gezeigt wird, wie und in welchem Ausmaß die Energiebilder von Feindseligkeit und Überbelastung in Dir vorhanden sind. Schreibe diese Gedanken und Gefühle mit auf die Seite Deiner Wunschenergien: möglichst genau und auch ganze Situationsabläufe, in denen Du diese Energiebilder erlebst.

Diese beiden Energiesäulen zeigen klar Deine im Herzchakra wirkenden Energien. Die Wunschskala hilft Dir zu erkennen, wie stark Deine Wunschvorstellung begrenzt ist. Du kannst Deine Vorstellung von vollkommener Liebe und Zärtlichkeit und so weiter jederzeit verändern und grenzenlos frei machen. Die Erlösungsskala zeigt auf, warum Deine Vorstellungen eingeschränkt oder nur zum Teil erfüllt sind.

Durch das Niederschreiben hast Du zum ersten Mal Dein Energiebild des Herzchakras »sichtbar« gemacht und festgehalten. Solche Energiebilder lassen sich natürlich für alle Lebensbereiche erstellen. Sie helfen uns dabei zu erkennen, daß wir selbst die Quelle allen Seins sind und daß uns im täglichen Leben nur die Wirkung der tatsächlichen Energie gespiegelt wird.

Ein Tagesenergiebild zeigt Dir, wieviel Zeit und Kraft die derzeit in Dir arbeitenden unerlösten Energiebilder und Verhaltensmuster benötigen, um ihre Grenzen und Illusionen aufrecht zu erhalten.

Gebet zur Erlösung und Befreiung der Energiebilder

Entspanne Dich wie gewohnt, stelle Dich in den Schutz der Engel und denke oder sprich folgendes Gebet dreimal:

> »*Lieber Erzengel Michael, wirke mit Deiner blauen Heilflamme in meinem Herzchakra und in meinem ganzen Wesen und Sein und brenne mich vollkommen frei vom Energiebild der Überbelastung und allen damit verbundenen Energien, Verhaltensmustern, Einstellungen, Gefühlen, Blockaden und Ängsten.*«

Nachdem Du dieses Gebet dreimal gesprochen hast, lasse jetzt den Erzengel Michael fünf Minuten wirken. Danach bitte ihn, alle Energien, die er freigebrannt hat, mit seinem Schwert für immer von Dir zu trennen. Das Trennen mit dem Schwert löst die mit den Energiebildern verbundenen Energien, die Dir Deine Mitmenschen gespiegelt und übertragen haben.

Beende die Meditation, indem Du Dich für die Hilfe und Gnade des Erzengels Michael bedankst.

Wenn Du sechzig Tage lang je dreimal täglich diese Meditation durchgeführt hast, sind die negativen Vorstellungen im Herzchakra erlöst und befreit.

Danach beginnst Du mit dem nächsten Energiebild (im Nabelchakra) und gehst ebenso vor, wie es beim Herzchakra beschrieben wurde mit dem Unterschied, daß Du das Energiebild »Reizbarkeit« im Nabelchakra ausbrennen läßt. Beginne gleichzeitig mit dem Aufbauprogramm für das Herzchakra, das Du sechzig Tage parallel zum Auflösungsprogramm im Nabelchakra durchführst.

Aufbau und Heilung der Chakren
mit den Erzengeln

Herzchakra - Erzengel Haniel und Raphael
Sprich dreimal pro Tag folgendes Gebet:

> *»Liebe Erzengel Haniel und Raphael, bitte erfüllt jetzt mein Herzchakra und mein ganzes Wesen und Sein vollkommen mit der göttlichen grünen und rosa Heilfarbe. Durch mich manifestiert sich jetzt vollkommene göttliche Liebe, Zartheit und Zärtlichkeit, Sanftmut, Heilung, Harmonie, Hingabe, Verzeihung, Verstehen, Transformation und Umwandlung.«*

Nach sechzig Tagen ist die Energie im Herzchakra aufgebaut. Daran anschließend laß Dir vom Erzengel Michael das Energiebild »Ablehnung« im Halschakra herausbrennen und beginne mit dem Aufbau des Nabelchakras.

So gehe auch mir allen weiteren Chakren vor.

> *Nabelchakra - Erzengel Michael*
> *»Lieber Erzengel Michael, bitte erfülle mein Nabelchakra und mein ganzes Wesen und Sein vollkommen mit der göttlichen gelben Heilfarbe. Durch mich manifestiert sich vollkommen göttlicher Friede, Ruhe, Gelassenheit, Gleichgewicht, Freude und Dankbarkeit.«*

Halschakra - Erzengel Gabriel

*»Lieber Erzengel Gabriel, bitte erfülle mein Hals-
chakra und mein ganzes Wesen und Sein vollkommen mit der göttlichen hellblauen Heilfarbe. Durch
mich manifestiert sich vollkommen göttliches Annehmen und Loslassen, göttliche Erlösung und Befreiung, vollkommener göttlicher Ausdruck von
Leichtigkeit und Freiheit.«*

Milzchakra - Erzengel Chamael und Uriel

*»Liebe Erzengel Camael und Uriel, bitte erfüllt
mein Milzchakra und mein ganzes Wesen und Sein
vollkommen mit der göttlichen orangen Heilfarbe.
Durch mich manifestiert sich jetzt vollkommenes
Vertrauen, Stabilität, Sicherheit, Selbstwert und
Ausgleich.«*

Stirnchakra - Erzengel Michael

*»Lieber Erzengel Michael, bitte erfülle mein Stirn-
chakra und mein ganzes Wesen vollkommen mit der
göttlichen dunkelblauen Heilfarbe. Durch mich manifestiert sich jetzt vollkommen göttliche Inspiration,
Weisheit, Glaube und Demut.«*

Wurzelchakra - Erzengel Uriel

»Lieber Erzengel Uriel, bitte erfülle mein Wurzel-chakra und mein ganzes Wesen vollkommen mit der göttlichen roten Heilfarbe. Durch mich manifestiert sich jetzt vollkommene göttliche Umsetzung, Kreativität, Erfüllung und Manifestation.«

Scheitelchakra - Erzengel Metatron

»Lieber Erzengel Metatron, bitte erfülle mein Schei-telchakra und mein ganzes Wesen und Sein vollkom-men mit der göttlichen violetten Heilfarbe. Durch mich manifestiert sich jetzt vollkommen göttliches Licht, Einheit und Ganzheit, allumfassendes Sein, göttliche Verwirklichung.«

Ist das Verlustbild auf materieller Ebene sehr stark gewe-sen, sprich zusätzlich täglich dreimal:

»Durch mich manifestiert sich jetzt vollkommen göttli-che Fülle, Reichtum und Erfüllung.«

Dein »Danke« nach jeder Meditation ist der Lohn für die Hilfe und das Licht der Wandlung.

Der persönliche Lebensbaum

Mit der Erlösung und Befreiung der negativen Energiebilder und dem Aufbau der Chakrenfarben und den jeweiligen Charaktereigenschaften wird der Weg frei zu Deinem persönlichen Lebensbaum. Durch das Licht und die Hilfe der Engel sind jetzt Deine Chakren frei für größere Aufgaben und höhere Energien. Nun können die Erzengel Deine Energiekörper wirkungsvoll und dauerhaft reinigen und heilen.

Du wirst von Deinem Sonnenengel und dem Erzengel immer mehr geführt, inspiriert und geleitet. Beständig, liebevoll und behutsam geben sie Dir höhere Energien und Erkenntnisse, Du wirst mehr und mehr bereit sein, Deinen Lebensauftrag hier auf der Erde zu erfüllen. Die Einzigartigkeit Deines Seins und das Deiner Mitmenschen wird Dir ständig bewußter. Du wirst immer unabhängiger von äußeren Umständen und Lebenssituationen, da Du Dich geborgen und geschützt weißt.

Wenn Du Fragen hast, wirst Du Dich zunehmend der Antwort der Engel und der göttlichen Führung anvertrauen - zum Wohle und zur Heilung aller Menschen, die mit Dir in Berührung kommen, zum Wohle und zur Heilung unseres Planeten: durch Dein Sein und durch Deine Ausstrahlung.

Zur vollkommenen Entfaltung unseres grenzenlosen Lichtes und Energiepotentials nach der Auflösung der negativen Energiebilder ist die Reinigung und Klärung unserer Energiekörper und der Elemente-Energie durch die Erzengel notwendig. Bevor Du dazu Gebete und Meditationen bekommst zur Öffnung für das innere Licht, stelle ich Dir die Erzengel und ihre Aufgaben vor.

Das Reinigungsprogramm
der Energiekörper und Elemente

Damit die Energiekörper und alle Elemente-Energien in uns gereinigt werden, sollte ein mindestens sechzig Tage umfassendes Programm durchgeführt werden. Frage Deinen Sonnenengel, welcher der beiden nachfolgend genannten Wege am besten zu Deiner Persönlichkeit paßt:

1. Gleichzeitige Reinigung aller fünf Energiekörper in dreißig Tagen. In weiteren dreißig Tagen Reinigung der Elemente-Energien. Bitte in der Morgenmeditation den jeweils zuständigen Erzengel, den Energiekörper in seine Führung und Obhut zu nehmen. In der Abendmeditation bitte dann darum, den Energiekörper zu reinigen und zu läutern. Vor der nächsten Morgenmeditation bitte den Erzengel Michael, alle Energien und Blockaden, die sich in der Nacht durch die Reinigung gelöst haben, vollkommen herauszubrennen und anschließend für immer abzutrennen.

2. Tägliche Reinigung und Läuterung eines Energiekörpers und Reinigung der Elemente-Energie mit demselben Erzengel. Hierbei können sich unterschiedliche Auflösungszeiten und damit auch eine andere Auflösungsdauer ergeben. Wenn Du beim Erlösungsprogramm der negativen Energiebilder in den Chakren bereits viele Blockaden erkannt hast, wird es für Dich besser sein, diesen zweiten Weg zu gehen.

Mach Dir aber auch bewußt, daß Du mit höchsten göttlichen Energien arbeitest und daß Du für die Energie und Kraft, die Du dabei bekommst, immer mehr Verantwortung übernimmst, um sie zum Wohle aller Beteiligten einzusetzen.

Wenn Du zwischendurch das Gefühl bekommst, daß Du den Boden unter den Füßen verlierst und jeder Halt verlorengeht, dann hast Du die göttliche Energie für egoistische Zwecke mißbraucht. Die Engel entziehen Dir Energie, weil Du ansonsten Schaden anrichtest. Treten solche Situationen auf, bitte um Verzeihung und um Hinweise, wie Du gegen die göttlichen Gesetze verstoßen hast. Wenn Du auf den richtigen Weg zurückgekehrt bist, wirst Du wieder die gewohnte Kraft erhalten. Zugleich werden Dir die Grenzen aufgezeigt, jenseits derer Du noch nicht die göttlichen Prinzipien erfüllen kannst.

Die Heilung und der Aufbau der Energiefelder

Im Emotional- und Astralbereich bestehen weltweit destruktive Energien, die die Tendenz zu Zerfall und Auflösung haben. Sie warten auf Reinigung, Läuterung und Umwandlung. Die hohen feinstofflichen Energien, die nun in tändig steigendem Ausmaß aus den höheren Welten auf unseren Planeten einströmen, bringen die grobstofflichen und unerlösten chaotischen Energien zum Vorschein. Dem Astralbereich sind Millionen von Seelen verhaftet, die nach dem körperlichen Tod der Menschen noch nicht den Weg ins Lichtreich Gottes gefunden haben.

Es ist derzeit sicherlich eine der wichtigsten Aufgaben, die Erlösung dieser Seelen zu erwirken. In einem Energiefeld ist Reinigung und Heilung mit nachfolgendem Aufbau vollkommener göttlicher Lichtenergie erst möglich, wenn es frei von sogenannten »verlorenen« Seelen ist.

Teil 4
Erlösung und Befreiung von Seelen

Dieses Thema erscheint vielen Menschen, auch jenen, die den geistigen Weg bereits beschritten haben, als fremd und gefährlich. Immer wieder habe ich in den vorangegangenen Kapiteln bewußt von Energien und ihren Frequenzen gesprochen. Über die verschiedenen Energiebilder und -muster sind die jenseitigen Welten am leichtesten zu begreifen.

Folgende Fragen müssen vor der Befreiung von Seelen beantwortet werden:

Was geschieht nach dem physischen Tod?

Warum können Seelen nach dem Verlassen des Körpers in unsere Energiefelder und Schwingungen eindringen?

Was suchen diese verlorenen Seelen bei uns?

Welche Gefahren gibt es im Kontakt mit verlorenen Seelen?

Für viele Menschen, besonders des westlichen Kulturkreises, ist alles, was mit dem körperlichen Tod und dem Jenseits zu tun hat, kein Gesprächsthema. Es wird verdrängt oder ist tabu. Leider glauben viele Menschen immer noch, daß mit dem Lebensende alles aus und vorbei ist. Hier eine Kurzbeschreibung des Weges der Seele, wenn sie im Diesseits höheres Gottesbewußtsein entwickelt hat:

Nach dem Tod verläßt die Seele die Körperhülle und besucht drei Tage lang alle wichtigen Stationen, die sie im irdischen Leben durchwandert hat. Im Anschluß daran erfolgt eine Loslösung von den niederen Astralbereichen. Die Seele geht in die himmlischen Lichtregionen, wo sie von den Engeln und göttlichen Helfern empfangen wird.

Wie ist es nun möglich, daß Seelen nach dem Verlassen des gestorbenen Körpers in unserer Energiefrequenz festgehalten bleiben?

Alle Seelen und Geistkörper unterliegen den Gesetzen des persönlichen (nicht unbedingt religiösen) Glaubens - unseres »Bewußt-Seins«. Wenn beispielsweise eine Seele während des körperlichen Lebens nur die Vorstellung kannte, daß mit dem Tod alles endet, bleibt sie an diese Welt gekettet. Obwohl der physische Körper fehlt, glaubt sie, immer noch zum Diesseits zu gehören, und kann nicht verstehen, warum niemand ihre Anwesenheit wahrnimmt.

Die Energiefelder von vielen Menschen sind extrem von den Energien solcher Seelen besetzt. Durch Unwissenheit oder Unkenntnis spricht man von Geistern oder Dämonen, wenn sich diese armen verlorenen Seelen bemerkbar machen, weil sie, ihrem Bewußtsein entsprechend, hier weiterhin wirken möchten. Sie glauben nach wie vor daran, mit ihrem Körper zu leben, und haben nicht begriffen, daß die Zeit gekommen ist, in die himmlischen Welten hinüberzuwechseln. Für eine solche Seele und auch für uns Lebende gilt das Gesetz: Gleiches zieht Gleiches an. Ist das Bewußtsein einer Seele durch Neid und Haß oder andere negative Wesenszüge geprägt, wird sie von der Seele lebender Menschen mit den gleichen Eigenschaften angezogen. Der negative Charakter eines solchen Menschen verstärkt sich dadurch und der Einfluß auf die Umgebung wird schlechter.

Es gibt sehr viele Verhaltens- und Glaubensmuster, die das Weitergehen der Seelen in ein höheres Bewußtsein verhindern können. Auch Angst und Sorge um Hinterbliebene können ein Grund sein. An Orte und bestimmte Plätze bleiben Seelen dann gebunden, wenn sie sehr stark mit irdischen Dingen verwurzelt waren. Wer die Erlösung und Befreiung der Seelen mit den Engeln einmal durchgeführt hat, wird diese Erfahrung selbst kennen.

Was suchen diese verlorenen Seelen bei uns?

Sie versuchen, mit Personen Kontakt aufzunehmen, die ihnen vom Bewußtseinscharakter her vertraut sind. Sie wollen sich mit ihnen verständigen. Wohin könnten sie sich denn sonst wenden, da sie nur diese Welt kennen und an ein Weiterleben nach dem körperlichen Tod nicht glauben? Sie möchten wieder einen Körper bekommen, dessen Seele sinnesgleich ist.

Viele Menschen haben solche Begegnungen, können sie oft aber entweder nicht richtig beurteilen oder verdrängen sie aus Angst oder Unwissenheit aus den Gedanken. Dadurch sind so viele Menschen von fremden Seelen besetzt oder werden von ihnen beeinflußt.

Wenn beispielsweise in einer Wohnung oder sonstwo Erscheinungen auftreten, wenn es »spukt«, sollte man nicht unbedingt versuchen, eine rationale Begründung hierfür zu finden. Es könnten Seelen sein, die unsere Hilfe brauchen.

Welche Gefahren sind im Kontakt mit verhafteten Seelen möglich?

Die Menschen sind für geistige Belange offener geworden. Daraus hat sich auch eine Bereitschaft für Jenseitskontakte verstärkt. Das macht es in den Astralbereichen gefangenen Seelen leichter, sich an Menschen anzuklammern und ihre Körper zu besetzen. Solche Kontakte, die von den Betroffenen zunächst nicht wahrgenommen werden, wirken sich allmählich immer nachteiliger aus, da ihnen Energie und Kraft entzogen wird.

Bei sehr sensiblen Menschen gestaltet sich der Kontakt konkreter - er kann sogar verbal werden. Manche Seele gibt sich als etwas Besonderes aus, und die Person, die mit ihr Kontakt hat, glaubt, etwas Großartiges »gechannelt« zu bekommen. »Channelling« (Übermittlungen aus der jenseitigen Welt), Tonbandstimmen und dergleichen sind groß in Mode, okkulte Sitzungen an der Tagesordnung.

Bei einem Großteil solcher Sitzungen kommt es zu Besetzungen, die im Extremfall Geistesverwirrung oder gar Wahnsinn zur Folge haben. Angehörige und auch Außenstehende bemerken dann, daß bei der besetzten Person eine völlige Bewußtseinsveränderung zum Negativen hin stattfindet.

Für die gefangene Seele, die ja um Hilfe und Erlösung schreit, ist es sehr tragisch, wenn sie als Dämon oder Teufel bezeichnet wird und ausgetrieben werden soll. Wo soll sie hin, da sie nichts außer dieser Welt kennt? Falls es wirklich gelingt, sie aus dem Körper beziehungsweise aus dem Raum zu verdrängen, wird sie alle Kraft sammeln und mit verstärkter Energie wieder an den Ort zurückkehren.

Das Licht der Erlösung und Befreiung - das Licht des Erzengels Andon und der Elohim

Nach der Reinigung und Läuterung der Chakren, der Energiekörper und der Elemente-Energien ist die Voraussetzung geschaffen, optimal mit dem Erzengel Andon und seiner Elohim zu kommunizieren und ihre Energiefrequenz zu empfangen. Mit ihnen gemeinsam kann die Erlösung von Seelen erfolgen.

Der Erzengel Andon und seine Elohim bitten um unsere Hilfe! Dies mag zunächst unverständlich sein, da allgemein die Überzeugung vorherrscht, daß Engel vollkommenes Bewußtsein besitzen und daher eigentlich tun können, was immer sie wollen: auflösen, befreien und manifestieren. Für die Engel ist aber das höchste göttliche Gesetz unser Glaube in unserem uneingeschränkten freien Willen. Sie werden niemals selbst eingreifen, wenn sie nicht gebeten werden. Damit ist klar, warum die Engel unsere Hilfe benötigen.

Alle verlorenen, an die Welt geketteten Seelen kennen keine Engel und keinen Gott. Der Glaube an das Irdische war zu stark, oder sie zweifelten an der göttlichen Macht. Wegen dieser Einstellung zu Lebzeiten kommen Andon und die Elohim an die Energiefrequenzen nicht heran.

Hier stellt sich uns die Aufgabe. Wir können mit den Seelen sprechen, damit ihr Bewußtsein ändern und eine Brücke zu den Erlöserengeln herstellen.

Die Erlösung und Befreiung

Wenn Du einen Raum, einen Platz oder einen Menschen kennst, der von Fremdenergien besetzt ist, so verfahre folgendermaßen:

Erzeuge einen Schutzkreis und bitte Deinen Sonnenengel um vollkommene Führung. Danach rufe den Erzengel Andon und seine Elohim und bitte sie, mit ihrem göttlichen Licht für diese Person (oder diesen Ort) zu wirken. Dann rufe alle Seelen und Wesen an, die mit ihrer Energie mit der Person oder dem Ort verhaftet sind, damit sie Dir zuhören.

Erkläre ihnen, sie sollen, wenn sie das Licht des Erzengels Andon und seiner Elohim erblicken, hinschauen und sich auf diese Lichtsäule zubewegen und hineingehen. Sage ihnen, daß die Engel voller Liebe sind. Daß alles, was vorher im Leben geschehen ist, vergeben und verziehen sei. Wiederhole diese Sätze immer wieder. Erkläre ihnen weiterhin, daß sie nun vollkommenes Vertrauen haben können und zum Licht der Engel gehen sollen. Wenn es sich um direkt im Körper verfangene Seelen handelt, fordere sie auf, daß sie jetzt den Körper verlassen und alle Energien, die zu ihnen gehören, mit sich nehmen sollen. Wende Dich auch an die Seele der besetzten Person und bitte sie, daß sie loslassen soll.

Diese Erlösung und Befreiung soll immer mit Hilfe der Engel vorgenommen werden. Andere Versuche schlagen fehl.

Wenn die besetzte Person anwesend ist, bitte sie, sich bequem hinzulegen. Bildet dann beide den Schutzkreis. Bittet den Erzengel Andon, das göttliche Licht von den Füßen beginnend aufwärts einfließen zu lassen. Wenn Du bei den Oberschenkeln angekommen bist, bitte die Person um Mitteilung, ob sie etwas spürt oder sieht. Wenn sie nichts wahrnimmt, wiederhole denselben Vorgang noch zweimal. Ist auch dann noch kein Licht sichtbar oder keine Wärme spürbar, so beende den Versuch.

Es kann sein, daß die Engel den Erfolg nicht wollen. Meistens ist die Ursache dafür, daß einer der Beteiligten nur neugierig ist oder egoistische Motive vorliegen.

Wenn hingegen Licht oder Wärme gefühlt wird, setze die Behandlung fort und bitte die Engel, den ganzen Körper zu durchfluten und mit Licht anzufüllen. Ist das geschehen, soll die Person ganz genau jede Körperstelle überprüfen. Es müßte irgendwo eine Zone sein, die kälter ist beziehungsweise Schatten aufweist. Nennt die Person diesen Körperteil, dann richte das Wort an die Seele, die an diesem Platz ist, und erkläre ihr, daß nun die Zeit gekommen ist, den Körper zu verlassen und in das Licht zu gehen. Bitte dazu die Engel, auf einer Seite des Körpers ihre Lichtsäule zu bilden, damit die Seele mit ihrer Energie dort hineingehen kann.

Wie schon früher erwähnt, ist das Bewußtsein gefangener Seelen sehr begrenzt. So kann es vorkommen, daß sie sich als der Teufel meldet, als Dämon oder als das Böse. Laß Dich davon nicht erschrecken. Bleibe dabei, daß dieses Wesen Liebe und Licht ist, und fordere es auf, nun in das göttliche Licht zu gehen.

Wiederhole diese Aufforderung so lange, bis ihr Sinn von der Seele erkannt wird. Frage dazwischen immer wieder, ob sie bereit ist, ins Licht zu gehen. Wenn sie Deine Frage bejaht, segne sie und übergib sie dem Licht der Engel. Diese Vorgehensweise muß solange fortgesetzt werden, wie Seelen irgendwo im Körper verhaftet sind. Manchmal können es sehr viele sein. Wenn alle Körperzonen gleichmäßig mit Licht oder Wärme erfüllt und keine Schatten mehr feststellbar sind, erst dann ist die Erlösung beendet.

Zum Abschluß bitte die Engel, den Körper oder den Ort für immer mit dem Lichtkreis vor Fremdenergien zu schützen, zu verschließen und zu versiegeln, und es wird so geschehen.

Manchmal besteht die irrige Annahme, daß nach dem Umfangen mit dem Lichtkreis, wenn die Fremdenergien ausgeschlossen sind, eine Seele, die vielleicht noch nicht erkannt worden ist und zurückbleiben mußte, nunmehr blockiert ist und nicht erlöst werden kann. Durch das Umschließen mit dem Lichtkreis ist der Schutz vor nochmaliger Besetzung für immer gegeben, es sei denn, die betroffene Person würde bewußt dagegen arbeiten - durch bestimmte Rituale oder okkulte Praktiken. Noch lange, nachdem die Seele ins Licht getreten ist, werden Energieanteile, die von der verhafteten Seele übernommen worden waren, Schritt für Schritt losgelöst.

Zur eigenen Bestätigung ist es besonders anfangs hilfreich, die Engel um ein Zeichen zu bitten, damit man Klarheit hat, ob eine Seele an einem Ort oder in einer Person gefangen ist. Die Möglichkeiten hierzu sind natürlich individuell vielfältig. Sobald man bereit ist, achtsam und offen, wird man ein Zeichen erhalten.

Das kann sich ganz verschieden zeigen: beispielsweise im Flackern der Flamme einer Meditationskerze - wie es bei mir anfangs war. Jedesmal, wenn eine Seele bereit war, ins Licht zu wechseln und die Engel meine Mithilfe wünschten, begann die Flamme in kurzen Abständen zu flakern. War die Seele in das Licht der Engel eingegangen, bildete sich eine lange hochaufstrebende Flamme. Daran erkannte ich, daß die Befreiung erfolgreich war. Erst als das Kerzenlicht in vollkommen meditativer Ruhe brannte, wußte ich, daß alle Seelen, die zu diesem Zeitpunkt Hilfe und diese Energiefrequenz angenommen hatten, befreit waren.

Ein anderes Zeichen ist für mich, daß mich an Plätzen, an denen sehr viele Seelen auf Rettung warten, ein Frösteln überkommt. Ich spüre eine subtile Kälte. Ich visualisiere dann den Ort, Raum oder die Person und bitte die Engel, mir mitzuteilen, ob es hier Fremdenergien gibt.

Diese Erlösung und Befreiung von Seelen gleicht einer geistigen Ambulanz, die die Engel im Energiefeld des befallenen Menschen durchführen. Einmal haben wir einige Monate nach der Befreiung im Einverständnis mit den Engeln im Energiefeld einer Person nachgesehen: Man konnte noch »Narben« im Bereich der Energiefelder erkennen, wo sich die Seelen aufgehalten hatten.

Ich empfehle daher unbedingt, nach der Loslösung der Seelen den Erzengel Raphael zu bitten, die Heilung der Energiefelder in seine Hände und Führung zu nehmen.

Du kannst bei der Befreiungsarbeit den Engeln vollkommen vertrauen. Wenn irgend etwas nicht richtig ist, lassen sie es nicht zu. Der Schutz und die Sicherheit ist in dem gemeinsamen Bemühen um Hilfe vollkommen.

Das Licht der Wandlung - das Licht der Seraphim

Einige Jahre Erfahrung und Kommunikation mit den Engeln haben mich in immer höhere Energiebereiche geführt. Eine Zeit lang mußte ich enttäuscht feststellen, daß Andon und den Elohim nicht immer eine Erlösung und Befreiung möglich war.

Durch ständige Ermutigung meines Sonnenengels und die Energie und Ausdauer, die die Engel mir zuführten, durfte ich nach etwa zwei Monaten die Energiefrequenz der Seraphim erfahren. Ich lernte ihre Aufgabe und Hilfsmöglichkeiten kennen.

Der Erzengel Andon und die Elohim können alle Seelen retten, die durch Unkenntnis und unbewußtes Fehlverhalten in der Welt gefangen bleiben. Viele Seelen haben im irdischen Dasein Bewußtheit und Erkenntnis über die göttlichen Gesetze gehabt. Sie haben aber diese Erkenntnisse zur Befriedigung persönlicher Machtbedürfnisse mißbraucht und die lichtvollen Kräfte verunreinigt. Andere Seelen wiederum blieben in der niederen Astralwelt verhaftet, weil sie sich mit schwarzer Magie abgegeben und abergläubischen Kulten gefrönt haben. Solchen Unglücklichen können nur die Seraphim helfen. Entsprechend dem Gesetz, daß Gleiches Gleiches anzieht, werden meistens in Personen, die solchen Praktiken geneigt sind, Seelen verhaftet sein, die das Licht der Seraphim benötigen.

Das Licht der Seraphim

Bitte zuerst einen Sonnenengel um vollkommene Führung. Dann bitte den Erzengel Michael und seine Beschützerengel, einen vollkommenen Schutzkreis zu bilden. Bitte den Sonnenengel der besetzten Person um vollkommene Führung und schließe auch mit deren Erzengeln den Schutzkreis. Rufe jetzt Andon und die Elohim an und bitte um ihr Licht, um Erlösung und Befreiung für die Person zu erwirken. Danach rufe die Seraphim mit ihrem Licht der Wandlung zu Hilfe.

Ist dies alles geschehen, wende Dich an die gefangenen Seelen und Wesen. Verlange von ihnen, daß sie Dir zuhören. Erkläre ihnen, daß sie keinen physischen Körper mehr haben. Vermittle ihnen, daß sie im seinerzeitigen irdischen Leben göttliche Kraft zum eigenen Vorteil mißbraucht haben (das ist der Unterschied zu den unbewußt verhafteten Seelen). Verlange, daß sie dreimal bewußt »Herr, vergib mir, Herr, verzeihe mir!« sagen, und versichere ihnen, daß danach die Seraphim sofort mit dem Licht der Wandlung helfen und schließlich alle Qualen und Leiden ein Ende haben werden.

Diese Seelen erleben - im Gegensatz zu den vorher genannten - im wahrsten Sinne des Wortes die »Hölle«. Zweimal habe ich die qualvollen Schreie gehört. Es war sicherlich das Schrecklichste, was ich je erlebt habe. Seelen, die derartige Schmerzen mitmachen müssen, sind so von Haß und Zerstörungsenergie erfüllt, daß sie auf alles, das ihrer Frequenz nahekommt, negative Energie losschicken. Wie schon gesagt, soll daher diese Arbeit nie ohne den Schutzkreis der Beschützerengel und des Erzengels Michael durchgeführt werden.

Spürst Du während des Gespräches mit den Seelen etwas Unangenehmes, etwa Kälte, dann hast Du bei der Erstellung des Schutzkreises etwas vergessen, oder der Schutzkreis ist noch nicht individuell auf Deine Energien abgestimmt. Bitte in diesem Fall die Beschützerengel, den Schutzkreis zu verstärken und Dir mitzuteilen, welches Dein optimaler Schutzkreis ist.

Wenn Du es spürst oder siehst oder Dein persönliches Zeichen erhältst, hat die Wandlung stattgefunden, und Du kannst die Erlösung mit Andon und den Elohim durchführen. Am Ende darf man nicht vergessen, den Körper der Person oder den Ort für immer schließen, versiegeln und schützen zu lassen.

Die Energiefelder

Die Energien in unserem Umfeld und Wirkungsbereich werden von uns Menschen selbst geprägt. Wo immer wir uns befinden, findet ein ständiger Energieaustausch statt. Die Materie ist uns untertan und formt sich nach unseren Energien. Leider sind sich dessen die wenigsten Menschen bewußt. Dadurch herrscht weltweite Verunsicherung, Rat- und Sinnlosigkeit, weil noch immer die Gesetzmäßigkeiten weitgehend unbekannt sind oder nicht anerkannt werden.

Ist es Zufall, daß es in den meisten Wohnungen Zimmer oder Stellen gibt, an denen man sich nicht gerne aufhält? Daß es Wohnungen gibt, in denen man sich nicht lange aufhalten kann? Daß es Büros oder Arbeitsstellen gibt, wo es ständig unter den dort arbeitenden Menschen zu Streitereien und

Intrigen kommt? Daß es in Städten Straßen und Plätze gibt, wo die Menschen nicht mehr wohnen wollen? Daß es Wohnhäuser und sogar ganze Stadtteile gibt, die dem Zerfall preisgegeben sind? Daß Firmen, die Räumlichkeiten und Areale von Konkursunternehmen beziehen, bis auf wenige Ausnahmen nach einiger Zeit selbst in die Verlustzone geraten?

Dies sind nur einige Beispiele, um zu erkennen, wie kompromißlos Energiefelder sind. Der Nihilismus, die Aggressionen und Konflikte, die wir in uns tragen, strahlen aus oder werden sogar verbal ausgedrückt, negative Handlungen - das alles ist in den Energiefeldern verankert, natürlich auch aus vergangenen Zeiten.

Hat ein Energiefeld eine bestimmte negative Energiefrequenz erreicht, ziehen sich die Engel daraus zurück. Seelen und Wesen aus den niederen zerstörenden Schwingungsbereichen übernehmen dann die Führung. Negatives zieht wieder Negatives an. Destruktives rückt in den Vordergrund.

Radiästhesie und Pendelkunde versuchen, solche Störungsfelder umzupolen oder zu neutralisieren. Damit kann sicherlich einiges verändert werden. Fraglich bleibt, welche Energiefrequenzen davon betroffen sind. Die in der Radiästhesie bekannten Gitternetze und Strahlungen erfassen die oben erwähnten, von uns Menschen manifestierten Energien ganz selten. Werden sie hingegen von den Engeln gereinigt und geläutert, wird die Wirksamkeit der Radiästhesie um ein Vielfaches intensiver und erfolgreicher sein.

Die Reinigung und Läuterung der Energiefelder

Wenn das Energiefeld, das Du reinigen willst, von allen Seelenenergien und Fremdbesetzungen erlöst ist, beginne mit der Reinigung und Läuterung. Bitte den Erzengel Michael, alles, was in und am Energiefeld bis zu diesem Zeitpunkt verankert ist und dem Wachstum und der Entfaltung des Feldes hinderlich ist, mit seiner blauen Heilflamme vollkommen herauszubrennen. Danach bitte die Erzengel Seraphim und Japhkiel (das ist der Engel der Läuterung; er wird selten hinzugezogen), das Energiefeld von allen Energien, die herausgebrannt worden sind, zu reinigen und zu läutern. Anschließend bitte Michael, mit seinem Schwert alle Energien, die er herausgebrannt hat und die gereinigt und geläutert worden sind, völlig abzutrennen, so daß es für das Energiefeld keine Anziehungskraft und Verbindung mehr zu diesen Energien geben kann.

Heilung und Aufbau

Ist nun die Reinigung und Läuterung geschehen, übergib das Energiefeld Raphael und bitte ihn, zusammen mit seinen Heilungsengeln das Energiefeld zu heilen. Gleichzeitig bitte die zuständigen Hüter und Engel, die Führung und den Schutz des Energiefeldes zu übernehmen. Bitte sie, einen Schutzkreis zu bilden.

Vom dritten Tag an kannst Du den der jeweiligen Chakrenfarbe entsprechenden Erzengel bitten, das Energiefeld vollständig mit seiner Chakrenfarbe zu erfüllen und diese zu manifestieren. Die Veränderungen, die jetzt vollzogen werden, sind wunderbar und einzigartig.

Der persönliche Weg

Mit jedem Gebet und jeder Meditation vertieft sich die Führung und Verbundenheit von beziehungsweise mit den Engeln. Nach dem Weg der Erlösung erreichst Du den Weg der persönlichen Freiheit. Die Führung gestaltet sich schließlich so intensiv, daß Du völlig davon überzeugt bist, daß jede Bitte an die Engel hilfreich und liebevoll erfüllt wird. Deine verborgenen Begabungen und Visionen kommen immer klarer und stärker zum Vorschein.

Dabei werden Dir viele Möglichkeiten aufgezeigt, wie die Talente und Visionen verwirklicht werden können. Diese Hilfe ist uneingeschränkt und natürlich unabhängig von sozialen oder wirtschaftlichen und persönlichen Gegebenheiten. Alles, was Du zur Verwirklichung der Visionen des göttlichen Seins benötigst, wird Dir zufallen. Der bisherige Druck fällt ab. Zum Wohle aller Beteiligten wird für Dich in den geistigen Welten alles auf wunderbare Weise geformt. Deine persönlichen Erfahrungen, Gedanken, Gespräche und Energien sind wieder der Samen und das Licht für jene, die Dir auf Deinem Lebensweg begegnen oder die Dich begleiten.

Mit jedem weiteren Tag der Engelführung kommt die Zeit näher, da Du die Engel der Wunder treffen wirst und sie Dich in ihre Energiegesetze einweihen. Sie führen Dich in eine Energie, deren Erlebnisse und Erfahrungen, Wunder und Glückseligkeiten sich nicht mehr in Worte fassen lassen.

Viel Liebe, Licht, Segen und Freude auf Deinem Weg der Engel, Deinem Weg der Wandlung! Erfahre und integriere das Licht der Engel!

Teil 5
Die 78 Karten der göttlichen Energien

Die 78 Karten der göttlichen Energien dienen als Hilfe, bis wir vollkommenen, direkten Kontakt haben und in jeder Situation erkennen können, welcher Engel mit seinem Licht helfen und wirken kann.

In den jenseitigen Welten herrscht vollkommene Ordnung. Jeder Engel hat bestimmte Aufgaben zu erfüllen. Bittet man einen Engel um etwas, das nicht in seine Energie und seinen Aufgabenbereich fällt, leitet dieser die Bitte sofort an den zuständigen Engel weiter. Dieser darf aber erst für uns tätig werden, wenn wir ihn bitten. Das haben wir jedoch nicht getan.

Wenn der zuständige Engel hilft, ohne daß wir ihn persönlich darum gebeten haben, stellt das einen Eingriff in unseren freien Willen dar - und das tun Engel niemals. Er wird aber alles daran setzen, uns mitzuteilen, daß er für die Hilfe der Richtige ist. Sobald unser Bewußtsein dies erfaßt hat, wird uns sofort geholfen.

An diesem Beispiel kannst Du erkennen, daß die Engel uns immerwährend ihre Hilfestellung geben wollen, denn das ist der Sinn ihres Daseins. Mit unserem begrenzten Denken können wir nicht wissen, welcher Engel nun für die jeweilige Problemsituation richtig ist und welche Energien es sind, die wir lösen müssen. Das führt besonders am Anfang eventuell zu einer negativen, entmutigenden Reaktion, da man das Gefühl bekommt, von den Engeln keine erfüllende Hilfe zu erhalten. Zweifel oder Ängste können sich einstellen.

Die Ursache liegt einzig und allein in uns selbst, denn in der Außenwelt gibt es keine. In der Außenwelt, der Welt der sichtbaren Erscheinung, gibt es einzig und allein die Wirkung, die Reaktion auf eine Aktion.

Je klarer und präziser wir daher unsere Aufträge formulieren, um so erfüllender sind die Hilfen und Wunder, die geschehen werden. So leiten uns die Engel zu einem klaren, achtsamen und verantwortungsbewußten Sein.

Die Kommunikation mit den Engeln auf der Energiefrequenz, wie sie im Buch erläutert ist, führt denjenigen, der sie verwirklicht, in beständige und stets vollkommene Führung Gottes, Christus, der Heiligen Maria und der Erzengel mit den göttlichen Helfern.

Um Dir den Einstieg in den Umgang mit den Engeln ein wenig zu erleichtern, habe ich 78 Karten erstellt. Indem Du Dich auf die Fragestellung beziehungsweise das zu lösende Problem konzentrierst, ziehst Du eine Karte. Auch dies sollte im Rahmen einer Meditation geschehen. Auf der Karte liest Du dann, welcher von den Engeln für Deine Frage, Dein Problem zuständig ist und erhältst eine Affirmation, die

Deinen Kontakt mit der Energie des Engels/der Engel verstärken und unterstützen wird. Hierzu noch ein paar Erläuterungen.

Am Anfang habe ich darauf hingewiesen, daß die Menschheit am Beginn des göttlichen goldenen Zeitalters steht. Auf dem »Lernplaneten« Erde wirkt das Gesetz der Polarität, das Gesetz von Yin und Yang oder Plus und Minus, wie auch immer man es bezeichnen mag. Dieses Polaritätsgesetz eröffnet uns die Möglichkeit, für uns selbst und auch für unsere Umgebung zu entdecken, welche Energien unerlöst sind. Der intellektuelle Mentalkörper und die damit verbundenen ichbezogenen Energien lenken unsere Aufmerksamkeit besonders auf solche blockierten Energien, die auf Erlösung drängen.

Wenn alle Seelen, die im Diesseits inkarniert sind, und all jene, die noch inkarnieren werden, die Befreiung von allen unerlösten Energien erreicht haben, wenn sie also alles in reinster vollkommener Liebe erfahren, dann haben wir den Planeten Erde vom Gesetz der Polarität befreit. Das göttliche goldene Zeitalter, das Paradies auf Erden, ist vollbracht.

Auch die Hilfe der Engel für uns unterliegt dem Gesetz der Dualität, dem Gesetz der Gegensätze. Es gibt demnach bei den 78 Karten zwei grundsätzliche Möglichkeiten für die Verwendung: *Die Führungsenergie und die Erlösungsenergie.*

Die *Führungsenergie* schließt alle unsere Meditationen ein, Gebete, Bitten, Affirmationen, Gedanken, Worte und Handlungen, alles, bei dem es um Führung, Schutz, Segen, Gnade und so weiter geht. Sie ist in unserer täglichen Bitte eingeschlossen, in der göttlichen Liebe, der Entfaltung und im göttlichen Wachstum und Willen bleiben zu dürfen und Beständigkeit darin zu erlangen.

In der Führungsenergie zeigt die Karte immer, daß der betreffende Engel Dein Energiefeld führt und in seiner Obhut hat. Ein einmaliges »Danke« bestätigt ihm, daß Du ihm vertraust. Wichtig ist, daß Du jetzt wirklich losläßt, damit er wirken kann.

Wenn Du in diesem Bereich mit anderen Affirmationen arbeitest oder ständig nachdenkst, wie Du dem Problem selber zu Leibe rücken kannst, dann entziehst Du mit Deinem Willen dem Engel die Macht. Er kann dann für Dich nicht tätig sein. Sollten solche Gedanken auftauchen, sage dreimal hintereinander: »*Der Erzengel ... wirkt für mich, alles ist in seinen liebenden Händen.*« Damit gibst Du die Macht zurück und verstärkst sie. Der Engel kann weiterhin helfen.

Die *Erlösungsenergie* umfaßt alle Energien, die wir noch zu erlösen haben, wie Leid, Schmerz, Schuld, Haß und Neid, Gier, Zerstörung, Hemmung, Krankheit und Destruktivität.

Ziehst Du eine Karte in der Erlösungsenergie, wenn Du also um Hilfe bittest, ist es erforderlich, mehrmals täglich je dreimal den zuständigen Engel zu bitten, er möge das Problem in seine Führung nehmen. Ist dies erfolgt, ergibt sich rasch eine Veränderung zum Guten.

Mit jedem Schritt der Erlösung von Energien können wir um so länger und intensiver in der Führungsenergie bleiben.

Die dazugehörigen *Affirmationen* sind heilende Worte, die auf Dein ganzes Wesen wirken. Nimm sie in Dich auf, gehe frei damit um, und verwende sie so, wie es Deinem Wesen entspricht.

Verwendungsmöglichkeiten und Hilfe der 78 Karten der »göttlichen Energien«

Bevor Du die Karten verwendest, mußt Du Dir im klaren darüber sein, daß es keines der üblichen Kartenspiele ist. Du bist verantwortlich für den Umgang damit. Es liegt bei Dir, wieviel Wert die Karten haben und was an Hilfe und Energie sie Dir geben. Falscher oder unachtsamer Umgang entwertet, blockiert und hemmt die Energie.

Lege die Karten verdeckt breit gefächert vor Dich hin und erspüre die Energien der einzelnen Karten mit den Handflächen. Bevor Du nun anfängst, begib Dich in Meditation und entscheide Dich für Führungs- *oder* Erlösungsenergie. Sprich Deine Bitte oder Frage dann klar und eindeutig ohne Eile aus. Die Anwendungsmöglichkeiten sind grenzenlos und für jeden auch unterschiedlich.

Anwendungs- und Gebetshilfen für die Erlösungsenergie

Immer wenn eine Energieblockade, eine Störung, Hemmung oder stark wirkende Begrenzung aus unseren verschiedenen Energieebenen zur Erlösung drängt, erleben wir in unserer Umgebung und Außenwelt in diesem Bereich die Blockade. Je mehr die Energien innen zur Erlösung bereit sind, um so größer ist die Blockade außen. In solchen Situationen vollführen die meisten Menschen einen Wechsel des

Ortes oder der Personen, die die Blokade widergespiegelt haben.

Die Blockade bleibt dabei unverändert und wird nach einer Zeit der Erholungsphase diesmal an einem anderen Ort unter geänderten Umständen und mit anderen beteiligten Personen weiterhin zur Erlösung drängen, bis wir wirklich zur Befreiung und Transformation bereit sind. Bis dahin werden wir immer wieder das sogenannte Problem erleben.

Mit Hilfe der Karten haben wir die Möglichkeit der Erkenntnis, welcher Engel helfen kann. Gleichzeitig zeigen sie, in welcher Farbenergiefrequenz die Blockade vorhanden ist. Mach Dir ein persönliches Energiebild (siehe auch S. 60 ff.), damit Du Deine Bitte um Erlösung und Hilfe genau formulieren kannst. Dann kannst Du eine oder mehrere Karten ziehen. Hilfreich kann die Bitte um Licht und Klarheit für eine Angelegenheit sein oder die Frage: »*Bitte, wer bringt mir die Erlösung und Befreiung ...?*«

Bei den Erlösungsenergien kann man ganz individuell vorgehen, da jeder Mensch sein eigenes einzigartiges Energiefeld hat. Der Begriff und die Affirmation auf der Karte weisen auf die mentale Energiefrequenz hin.

Verschiedene Legesysteme für die 78 Karten in 6 kosmischen Grundenergiefrequenzen

Die Engel wirken genau unserer Bitte und Formulierung entsprechend. Beim täglichen Schutzkreis führen, schützen und leiten sie uns, während wir ein Erlösungsprogramm absolvieren. Sie erlösen, befreien und transformieren genau die Eigenschaften, die wir dabei ansprechen, zum Beispiel beim Chakrenprogramm die negativen Energiebilder.

Zusätzlich ist es noch möglich, den Engeln auf verschiedenen kosmischen Energiefrequenzen die Führungs- sowie die Erlösungsenergie zu übergeben. Zugleich erfahren wir in diesen 6 Grundenergiefrequenzen auch die täglichen Manifestationsenergien. Voraussetzung ist die Durchführung des täglichen Schutzkreises (siehe Seite 31 - Einführungsgebet).

Die 6 kosmischen Grundenergiefrequenzen

Mit dem Legen der Spirale erfährst Du, ob Du Dich in der Führungs- oder Erlösungsenergie befindest. Wenn Du in der Erlösungsenergie bist, ergeben sich für Dich drei kosmische Energiebereiche (Legesysteme 1. bis 3. Grundenergiefrequenz), mit denen Du zusätzliche Führungs-, Erlösungs- und Manifestationsenergie erfahren kannst.

Liegt Deine Kartenspirale in der Führungsenergie, kannst Du zwischen allen 6 Energiebereichen wählen.

Die 6 Grundenergiefrequenzen

1. Grundenergie – das kosmische Dreieck
2. Grundenergie – der kleine Kreis
3. Grundenergie – der siebenfache Stern
4. Grundenergie – die Manifestationsspirale
5. Grundenergie – das Erlösungskreuz
6. Grundenergie – der große Kreis - der Tageskreislauf

Jede Grundenergiefrequenz wird *symbolisch* durch die Positionen der Karte ausgedrückt. Dadurch fällt im Unterschied zum einzelnen Kartenlegen (ohne Legesystem), wie auf Seite 90 unter Erlösungsenergie beschrieben, das dreimalige Bitten des zuständigen Engels in der Erlösungsenergie weg. Es genügt ein einmaliges »Danke«.

Allgemein vorhandene Energiefelder:
– Das Energiefeld meines ganzen Wesens und Seins.
– Das Energiefeld des Alltagsgeschehens.
– Das Energiefeld der zwischenmenschlichen Beziehungen.
– Das Traum- und Nachtenergiefeld (nur Legesysteme
  1. bis 3. Grundenergie).
– Das Partnerschaftsenergiefeld.
– Das Wunsch- und Erfüllungsenergiefeld.
– Das berufliche Energiefeld, das je nach Berufs- und Lebenssituation zu differenzieren ist, zum Beispiel bei Ärzten Heilungsenergiefeld, bei Managern Wirtschafts-, Geschäfts- oder Verkaufsenergiefelder und so weiter.
– Das private Energiefeld, in dem alle Verwandtschafts- und Freundschaftsbeziehungen enthalten sind.
– Das finanzielle und soziale Energiefeld.

Jeder hat seine eigenen, ganz individuellen Energiefelder. Diese Beispiele sind nur eine Auswahl aus der unendlichen Vielfalt. Bis jetzt hast Du Dir wahrscheinlich noch keine Gedanken über Deine Energiefelder gemacht. Je nachdem, ob Du Dich in der Führungs- oder Erlösungsenergie befindest, kannst Du die ersten drei oder alle sechs der unten dargestellten Legesysteme verwenden. Du tust das, indem Du Dich beim Mischen und der Auswahl Deiner Karten auf diejenigen Deiner Energiefelder (maximal 2) konzentrierst, bei denen Du Probleme hast oder Ungeklärtes spürst.

Die praktische Anwendung

Nachdem Du Deinen täglichen Schutzkreis gebildet hast (bitte nicht zusätzlich - er ist höchstens dreimal täglich auszuführen), entspanne Dich, höre und fühle nach innen, damit Dir klar wird, für welches oder welche Energiefelder Du Dir heute zusätzliche Führung, Erlösung und/oder Manifestation wünschst.

Es empfiehlt sich, täglich nur eine Grundenergiefrequenz, das heißt ein Legesystem, mit höchstens zwei verschiedenen Energiefeldern, das heißt nur zwei Deiner den Lebensumständen entsprechenden Probleme, auszuwählen. Wenn Du mehr als eine Grundenergie und mehr als zwei Energiefelder für die Tagesführung beziehungsweise -erlösung auswählst, kommt zuviel Energie hoch, die Disharmonie und das Chaos sind fast nicht zu ertragen.

Falls es Dir doch einmal passiert, daß Du zuviel Energie löst, bitte den Engel, der für Dich gearbeitet hat, einmal um Verzeihung und darum, die Überenergie zu erlösen. Dann wird es Dir bald wieder bessergehen.

Als ersten Schritt lege die 78 Karten in Spiralform aufgefächert vor Dich hin.

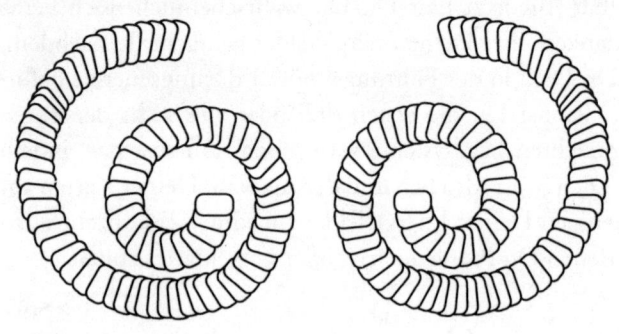

Führungsenergie
entgegen dem Uhrzeigersinn

Erlösungsenergie
im Uhrzeigersinn

Die Richtung der Spiralform, in der Du die Karten aus Deiner Intuition heraus legst, zeigt Dir die Energiefrequenz (Erlösung oder Führung), in der Du Dich befindest. Lege die Karten immer spontan - versuche nicht, mit Deinem Verstand und Wunschdenken die Richtung zu beeinflussen.

Solange Du Dich in der Erlösungsenergie befindest, ist es angebracht, nach außen nichts zu verändern und zu planen, da sich durch die Erlösung neue Grundlagen und Chancen eröffnen werden. Erst wenn Du aus Deiner inneren Intuition die Spirale in der Führungsenergie legst, dann ist die Energie für die äußere Verwirklichung freigegeben.

Danach wähle das für Dich an diesem Tag passende Legesystem aus und ziehe während der Konzentration auf eine Frage, ein Problem oder ein von Dir ausgewähltes

Energiefeld die entsprechenden Karten. Dazu mischst Du die Karten, bis Du meinst, es ist genug. Dann nimmst Du die Karten von oben vom Stapel und legst sie entsprechend einem der Systeme. Als zweite Möglichkeit - unter vielen, die Du selbst für Dich finden kannst - kannst Du die Karten nach dem Mischen auffächern und die einzelnen Karten für das Legesystem nach Intuition aus dem Fächer ziehen.

Lege die Systeme 4 bis 6 bitte nur dann, wenn Du Deine Kartenspirale intuitiv in der Führungsenergie legst. Bei diesen Legesystemen wirken sehr viele Engel auf allen Bewußtseinsebenen. Auf Erlösungsebene würdest Du die Energie fast nicht ertragen können (siehe oben). Bei allen sechs Grundenergiefrequenzen wirken die Engel immer vom Legen der Karten bis zum nächsten Tag zur selben Zeit, also 24 Stunden.

1. Grundenergie
Das kosmische Dreieck

Diese Energiefrequenz ist meistens dann anzuwenden, wenn man sich außer Balance und in Disharmonie befindet.

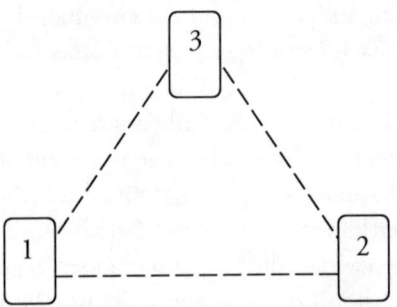

Karte 1 zeigt Dir, welcher Engel heute in dem von Dir gewählten Energiefeld die Führungsenergien leitet, schützt und gestaltet.

Karte 2 zeigt Dir, welcher Engel heute Deine blockierten Energien erlöst, befreit und transformiert.

Karte 3 zeigt Dir, welcher Engel in den durch die Erlösungs-energie freigewordenen Energiefeldern göttliche Energien und Eigenschaften manifestiert.

2. Grundenergie
Der kleine Kreis

Dieses Legesystem verwendest Du dann, wenn Du das Gefühl hast, daß Du mehrere Engel (Helferengel) benötigst, um Dein Problem zu lösen.

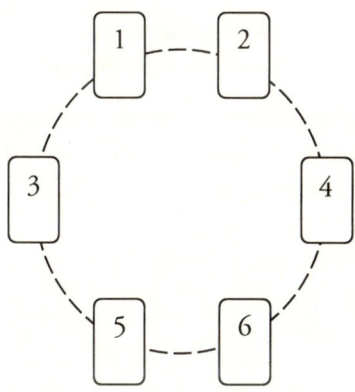

Karte 1   zeigt Dir, welcher Engel heute die Führung in dem von Dir gewählten Energiefeld hat.

Karte 2   gibt Dir Klarheit, welcher Engel heute über Deine Erlösungsenergien wacht.

Karte 3   zeigt, welcher Engel zusätzlich als Helferengel in der Führungsenergie arbeitet.

Karte 4   zeigt, welche Engel in der Erlösungsenergie als Helferengel wirken. Der Engel auf Deiner Karte führt die Helferengel.

Karte 5   gibt Dir Erkenntnis, welcher Engel heute die Transformation aller erlösten Energien aus dem Energiefeld führt.

Karte 6   zeigt Dir den führenden Engel der Manifestationsenergien.

3. Grundenergie
Der siebenfache Stern

In dieser Grundenergie arbeitest Du, wenn Du unsicher bist, auf welcher Ebene (geistiger, seelischer oder physischer) die Erlösung notwendig ist.

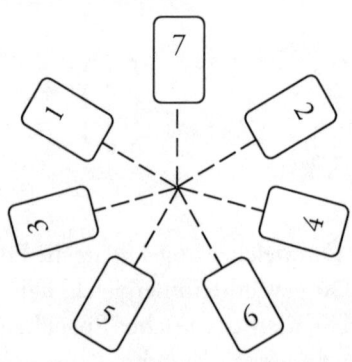

Karte 1 gibt Dir den Führungsengel an, der heute auf geistiger Ebene (im spirituellen und intuitiven Mentalkörper) tätig ist.

Karte 2 zeigt, welcher Erzengel auf geistiger Ebene in dem von Dir gewählten Energiefeld die Erlösung vollbringt.

Karte 3 zeigt den Erzengel, der die Führungsenergie auf seelisch-emotionaler Ebene leitet und schützt.

Karte 4 zeigt den Engel, der die Erlösungsenergie auf seelisch-emotionaler Ebene leitet.

Karte 5 zeigt den Erzengel, der das Energiefeld auf physischer Ebene führt.

Karte 6   gibt den Erzengel an, der die Erlösungsenergien auf physischer oder materieller Ebene des Energiefeldes führt.

Karte 7   zeigt Dir den Engel, der die heutige Tagesmanifestation umsetzt. Sie beinhaltet alle drei Ebenen.

4. Grundenergie
Die Manifestationsspirale

Dieses Legesystem wendest Du bei unklaren Wunschenergien und Aufträgen an. Wenn Du zum Beispiel dem Erzengel Metatron bereits Wunschaufträge übergeben hast (siehe auch Seite 41 - 44) und in einem bestimmten Energiefeld keine Zeichen oder Hinweise bezüglich Deiner Wünsche erhältst, dann lege die göttliche Manifestationsspirale.

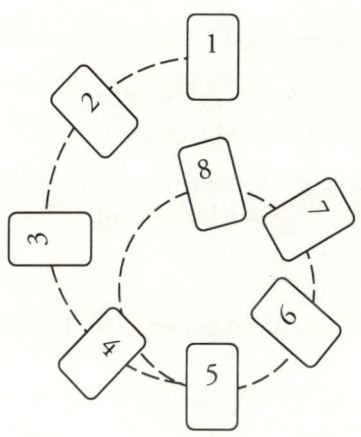

Karte 1   zeigt Dir, welcher Engel derzeit bei deinem Wunsch-
          auftrag tätig ist.

Karte 2   zeigt Dir den Engel, der die Erlösung blockierter
          Aufträge und Wünsche in der Erlösungsenergie
          übernommen hat.

Karte 3   gibt Dir den Erzengel an, der Deine Wunschener-
          gien auf Verwirklichungsebene gestaltet und formt.

Karte 4   gibt Dir den Erlösungsengel auf Verwirklichungs-
          ebene an.

Karte 5   zeigt den Engel, der bereits auf der Erfüllungsebene
          für Dich Wunschenergien aufbaut.

Karte 6   zeigt Dir den führenden Engel, der auf Erfüllungs-
          ebene Blockaden auflöst.

Karte 7   zeigt Dir den Führungsengel, der an der Umsetzung
          Deiner Wünsche und Aufträge arbeitet.

Karte 8   gibt Dir den Erzengel an, der die Manifestation
          führt und leitet.

5. Grundenergie
Das Erlösungskreuz

Diese Grundenergie solltest Du anwenden, wenn Dich
ein Problem schon lange beschäftigt und auch in die Vergangenheit wirkt.

Karte 1   gibt Dir die Führungsenergie des Tagesbewußtseins
          an.

Karte 2   zeigt Dir den Engel, der heute Deine Erlösungsener-
          gien führt.

Karte 3   ist der Engel der Führungsenergie auf Ebene des
          Unterbewußtseins.

Karte 4 zeigt Dir, wer von den Erzengeln auf der Ebene des Unterbewußtseins Deine Erlösungsenergien befreit und transformiert.

Karte 5 gibt Dir den Engel der Führungsenergie auf der kosmischen Bewußtseinsebene an.

Karte 6 zeigt den Engel, der auf geistiger Ebene Deine Erlösungsenergien befreit.

Karte 7 zeigt den Führungsengel, der Dein positives Karma leitet und gestaltet.

Karte 8 zeigt Dir den Erlösungsengel, der für Dich negatives Karma erlöst und befreit.

Karte 9 gibt Dir den Erzengel an, der alle durch Erlösung freigewordenen Energiefelder mit göttlicher Energie und göttlichen Eigenschaften manifestiert.

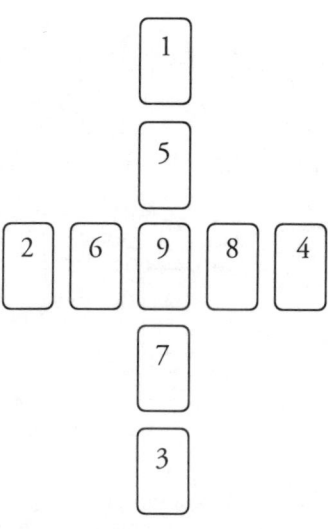

6. Grundenergie
Der große Kreis - der Tageskreislauf

Den großen Kreis legst Du dann, wenn Du im betreffenden Energiefeld den ganzen Tageskreislauf klären willst.

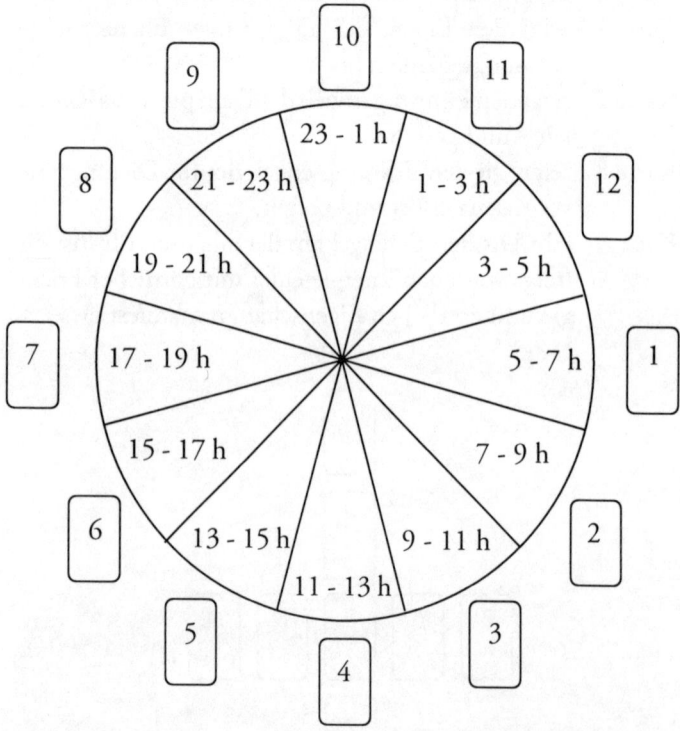

Karte 1   zeigt Dir den Engel der *Erlösungsenergie*, der die unerlösten Energien aus Deinem vergangenen negativen Karma befreit.

Karte 2   zeigt Dir den Engel der *Erlösungsenergie* der Nacht (Traumenergien).

Karte 3   ist in der *Führungsenergie* des Tages: dieser Engel führt Dich bei all Deinen Tagestätigkeiten. Er versucht, Deine Tageswünsche zu erfüllen.

Karte 4   gibt den Engel der *Führungsenergie* an, der Dir helfen will, Wünsche und Anliegen der vergangenen drei Tage, die unerledigt blieben, zu erfüllen.

Karte 5   zeigt Dir den Engel, der auf *Erlösungsebene* die blockierte Energie der letzten drei Tage befreit und transformiert.

Karte 6   gibt Dir den Engel an, der negative Projektionen und Spiegelungen, die noch länger zurückliegen, zu *erlösen* und befreien versucht.

Karte 7   zeigt den Engel auf *Führungsebene*, der als Helferengel die Tagesführung verstärkt und mit umsetzt.

Karte 8   zeigt Dir den Helferengel, der vergangene unerfüllte Wünsche in Dein Tageserlebnis einzubringen hilft (*Führungsenergie*).

Karte 9   zeigt Dir den Engel, der versucht, alles negative Unerlöste des Tages zu *erlösen*.

Karte 10 gibt den Engel an, der das in die Vergangenheit reichende Karma *erlöst*.

Karte 11 ist der Engel, der die Tagesmanifestation übernommen hat und alles, was zur Manifestation freigegeben ist, in Deinem ganzen Wesen und Sein manifestiert (*Führungsenergie*).

Karte 12 gibt Dir den Engel an, der die auf geistiger Ebene gespeicherten göttlichen Energien genau nach göttlichem Plan in Deinem ganzen Wesen und Sein manifestiert (Führungsenergie).

Für Personen, die besonders mit Träumen arbeiten, sind hier anschließend die Grundenergiesysteme 1 bis 3 als Nacht- und Traumenergie während der Nacht angegeben. Durch Konzentration auf das nächtliche Wirken der Engel ziehst Du wie oben beschrieben die Karten.

1. Grundenergie als Nacht- und Traumenergie
Das kosmische Dreieck

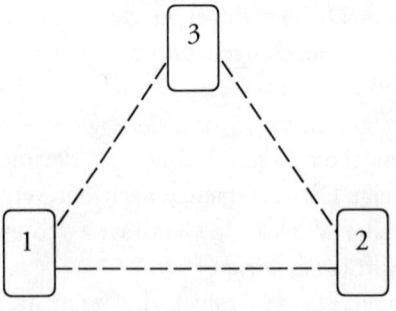

Karte 1   zeigt den Führungsengel, der heute nacht die Führung über Dein ganzes Wesen und Sein hat.

Karte 2   zeigt Dir den Engel, der alle Energien, die heute nacht zu behandeln sind, erlöst, befreit und transformiert.

Karte 3   gibt Dir den Engel an, der in der Nacht alle durch die Erlösung freigewordenen Energiefelder füllt und die göttlichen Energien umsetzt.

2. Grundenergie als Nacht- und Traumenergie
Der kleine Kreis

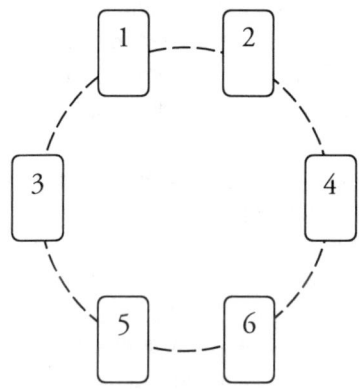

Karte 1   zeigt den Führungsengel der Nacht.
Karte 2   zeigt den Erlösungsengel der Nacht.
Karte 3   zeigt den Engel, der in der Nacht alle göttlichen Energien des Tagesgeschehens eingliedert.
Karte 4   zeigt den Engel, der in der Nacht alle zu behandelnden Tagesenergien erlöst, befreit und transformiert.
Karte 5   ist der Engel, der heute nacht Karmaenergien erlöst.
Karte 6   zeigt den Engel, der die Gesamtumsetzung aller göttlichen Energien führt, leitet und vollbringt.

3. Grundenergie als Nacht- und Traumenergiefeld
Der siebenfache Stern

Karte 1   ist der Führungsengel der Nacht.
Karte 2   ist der Erlösungsengel der Nacht.
Karte 3   ist der Führungsengel, der alle göttlichen Energien des Tagesgeschehens eingliedert. Du kannst um bewußtes Träumen bitten (sprich es einmal aus).

Karte 4   ist der Erlösungsengel, der alle Tagesenergien, die dazu bereit sind, erlöst. Du kannst ihn bitten, Dich vor solchen Traumenergien zu schützen, damit Du sie nicht bewußt im Traum erlebst.

Karte 5   ist der Führungsengel der Nacht, der alle göttlichen Energien der letzten drei Tage eingliedert.

Karte 6   ist der Erlösungsengel, der alle Energien der letzten drei Tage, die bereit sind, erlöst und transformiert zu werden, befreit.

Karte 7   zeigt Dir den Engel, der die Gesamtumsetzung und Manifestation aller Tagesenergien, die Energien der letzten drei Tage sowie Deine Wunsch- und Visionsenergien gestaltet. Du kannst ihn bitten (sprich Deine Bitte einmal aus), Dir Visionen und Zukunftsträume zu schenken.

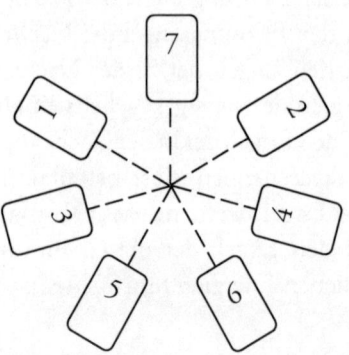

Mach Dir bewußt, wie großartig und einmalig die Hilfe, der Schutz und die Führung der Engel ist. Ihre Energiearbeit erfaßt alle Bereiche Deines Daseins auf allen Ebenen und in allen Dimensionen. Diese Größenordnung kann unser Tagesbewußtsein nur in kleinen Bruchstücken erfassen, darum sprich Dein einmaliges »Danke« an den jeweils zuständigen Engel mit Freude, Hingabe und Demut.

Die 78 Karten

Metatron und all seine Engel erscheinen in den höheren Energiefrequenzen (Energiekörper in den jenseitigen Dimensionen) in den verschiedensten weißgelben Farben, auf Chakrenebene in violetten Farbtönen.

1
Metatron - Segen - weißgoldenes Licht

Führungsenergie: Göttlicher Segen trägt Dich und wirkt in Dir und um Dich.

Erlösungsenergie: Bitte Metatron, alle Beteiligten an dieser Situation mit seinem Segen zu erfüllen.

Affirmation: Den Segen Gottes erfahre ich jetzt, in diesem Moment.

2
Metatron - Glückseligkeit - weißgoldenes Licht

Führungsenergie: Göttliche Glückseligkeit erfüllt Deine Energiefelder. Danke ihnen!

Erlösungsenergie: Die Karte zeigt Dir, daß auf energetischer Ebene die Angelegenheit bereits erlöst ist.

Affirmation: Dein Licht erweckt in mir göttliche Glückseligkeit.

3
Metatron - Wünsche - weißgoldenes Licht

Führungsenergie: Die Karte zeigt, daß der Erzengel Metatron Deine Wünsche angenommen hat, für Dich wirkt und die Energien gestaltet und formt, damit sie sich manifestieren können.

Erlösungsenergie: Begib Dich in Meditation und gestalte ein Energiebild von allen Aufträgen und Wünschen. Versuche in erster Linie, unbewußte Aufträge herauszufinden, denn irgendein Auftrag hemmt in dieser Angelegenheit den freien Energiefluß.

Affirmation: Ich lege die Erfüllung all meiner Wünsche jetzt in Deine göttliche Obhut.

4
Metatron - Wunder - weißgoldenes Licht.

Führungsenergie: Wunderbares wird für Dich vollbracht.

Erlösungsenergie: Dir Karte zeigt, daß der König der Engel helfen kann. Bitte ihn, seine Wunderengel zum Wohle aller Beteiligten wirken zu lassen, damit die Blockade gelöst wird.

Affirmation: Durch Dich offenbart sich das Wunder Gottes in meinem Leben.

5
Metatron - Gnade - weißgoldenes Licht

Führungsenergie: Metatron schenkt die göttliche Gnade.

Erlösungsenergie: Wird diese Karte gezogen, brauchst Du in Deinem Energiefeld, für das Du um Erlösung gebeten hast, die göttliche Gnade, damit Du Erkenntnis oder Veränderung erfahren kannst.

Affirmation: Durch Dich erfahre ich Gnade.

6
Metatron - Transzendenz - weißgoldenes Licht.

Führungsenergie: Die Alchimie Gottes vollzieht sich: Unreifes Ungeklärtes wird zu göttlichem Gold.

Erlösungsenergie: Metatron wartet auf Deine Bitte, damit er die Transzendenz einleiten kann.

Affirmation: Du läßt mir die Erfahrung der Transzendenz zuteil werden.

7
Metatron - Fülle - weißgoldenes Licht

Führungsenergie: Metatron führt Dich in die Energiefrequenz der Fülle.

Erlösungsenergie: Es wird Dir aufgezeigt, daß Du im Mangel- und Verlustdenken verharrst. Metatron wartet darauf, Dich in die Fülle zu tragen. Bitte ihn, alle Mangel- und Verlustenergien zu erlösen.

Affirmation: Du eröffnest die ganze Fülle des göttlichen Bewußtseins.

8
Metatron - Spiritueller Körper - weißgoldenes Licht

Führungsenergie: Dein spiritueller Körper und das spirituelle Energiefeld ist im Schutze Metatrons.

Erlösungsenergie: Im spirituellen Körper oder Energiefeld besteht die Blockade. Bitte um vollkommene Führung, Lösung der Blockade und um Transformation.

Affirmation: Dein Licht erweckt alle meine feinstofflichen Energiefelder.

9

Metatron - Licht - violette Heilfarbe auf Chakrenebene, weißgoldenes Licht auf Energiekörperebene

Führungsenergie: Das göttliche Licht manifestiert sich.

Erlösungsenergie: Göttliches Licht wird benötigt, damit Klarheit in die Situation kommt.

Affirmation: Du schenkst mir Dein goldenes Licht der Glückseligkeit.

10

Metatron - Verwirklichung - violette Heilfarbe

Führungsenergie: Der Erzengel Deine Anliegen angenommen und wirkt jetzt für Dich. Wenn Du neue Wünsche oder Aufträge gegeben hast: Ab jetzt nicht mehr visualisieren oder affirmieren, sonst behinderst Du sein Wirken!

Erlösungsenergie: Es besteht kein klarer Auftrag. Metatron kann an der Verwirklichung nicht arbeiten. Überdenke die Aufträge neu und formuliere sie noch präziser. Sprich sie drei Tage lang je dreimal und übergib sie ihm. Nach etwa 7 Tagen wirst Du, wenn nun die Aufträge im kosmischen Sinne stimmen, die Karte in der Führungsenergie ziehen. Damit sind die Aufträge in den Händen Metatrons.

Affirmation: Du hilfst mir bei der Verwirklichung meiner höchsten Ziele.

11
Metatron - Einheit - violette Heilfarbe

Führungsenergie: Hinter der scheinbaren Trennung besteht Einheit. Metatron führt Dich in die Energie des einheitlichen Seins ein.

Erlösungsenergie: In der betreffenden Angelegenheit trennst, analysierst und bewertest Du zu viel. Bitte um Hilfe, die Einheit und den Sinn zu erkennen.

Affirmation: Dein Licht führt mich zur Erkenntnis der Einheit allen Seins.

12
Metatron - Ganzheit - violette Heilfarbe

Führungsenergie: Die Karte zeigt, daß Du derzeit Weite und Ganzheit zuläßt. Die Erweiterung Deines Bewußtseins geschieht.

Erlösungsenergie: In der gegebenen Situation bist Du zu begrenzt, kleinkariert, engstirnig und verschlossen. Bitte Metatron, mit dem Licht der Ganzheit in Dir zu wirken, damit Veränderung Platz greifen kann und der Blickwinkel erweitert wird.

Affirmation: In Deinem Licht fühle ich mich ganz und vollkommen.

13
Metatron - Allumfassendes Sein - violette Heilfarbe

Führungsenergie: Du befindest Dich derzeit in sehr hohen Energiefrequenzen. Metatron führt Dich in die geistigen Dimensionen, in die Energiefrequenz des allumfassenden Seins ein. Danke ihm.

Erlösungsenergie: Bitte Metatron zu wirken, denn es besteht eine Blockade auf einem sehr hohen Energieniveau. Metatron will Dir die allumfassende göttliche Sicht zeigen.

Affirmation: Ich gegebe mich in die Arme Deines göttlichen allumfassenden Seins.

Der **Erzengel Michael** wirkt mit seinen Engeln auf Chakrenebene; in verschiedenen gelben und dunkelblauen Farben. In rotindigoblauem Licht im Emotionalbereich, in rotoranger Farbschwingung auf Elementeenergie. Sein Schwert der Trennung umfaßt dunkelblau mit goldfarbener Schwingung. Das Licht der Karmaerlösung umfaßt je nach Bedarf auch alle seine Lichtfrequenzen.

14
Michael - Emotionalkörper - rote bis indigoblaue Farbe

Führungsenergie: Michael schützt und führt Deinen Emotionalkörper derzeit besonders und erfüllt Dich mit seinem Licht.

Erlösungsenergie: Es gibt eine Blockade im Emotionalbereich beziehungsweise im Emotionalkörper. Bitte um das Licht des Erzengels, damit die Erlösung der blockierten Energien stattfinden kann.

Affirmation: Dein Licht ist heilender Balsam für meinen Emotionalkörper.

15
Michael - Karmische Erlösung - meist alle Farbschwingungen des Erzengels

Führungsenergie: Karmaenergien werden jetzt in Dir erlöst.

Erlösungsenergie: Um in der Situation weiter zu kommen, ist die Karmaerlösung notwendig. Bitte Michael, und es wird geschehen.

Affirmation: Du erlöst mich aus den karmischen Verstrickungen vergangener Leben.

16
Michael - Schwert der Trennung - blaue Farbtöne, golden durchzogen

Führungsenergie: Der Erzengel trennt mit dem Schwert Energien ab, die Dich belasten.

Erlösungsenergie: Du bist innerlich bereits frei, wirst aber von außen durch Meinungen und Verhaltensmuster anderer Personen und deren Energiefelder festgehalten. Bitte Michael, mit dem 'Schwert der Trennung' diese Energien wegzutrennen.

Affirmation: Dein Schwert durchschneidet die Schleier meiner Illusionen.

17
Michael - Chakren - tief dunkelblaue Heilfarbe

Führungsenergie: Deine Chakren werden von Michael mit der blauen Heilflamme freigebrannt. Das genügt, daher nachher nicht um Abtrennen bitten.

Erlösungsenergie: Zur Erlösung der derzeit bestehenden Blockade oder Hemmung ist lediglich ein einmaliges Freibrennen der Chakren notwendig.

Affirmation: Deine blaue Heilflamme brennt meine Chakren frei.

18
Michael - Energiekörper - tief dunkelblaue Heilfarbe

Führungsenergie: Deine Energiekörper werden von Michael mit der blauen Heilflamme frei gebrannt. Das genügt, daher nachher nicht um Abtrennen bitten.

Erlösungsenergie: Zur Erlösung der derzeit bestehenden Blockade oder Hemmung ist lediglich ein einmaliges Freibrennen der Energiekörper notwendig.

Affirmation: Deine blaue Heilflamme brennt meine Energiekörper frei.

19
Michael - Reinigung - tief dunkelblaues Licht

Diese Karte bezieht sich auf die Reinigung aller Energiefelder unseres Umfeldes und auf Energien, die in fester Materie manifestiert sind und uns beeinflussen.

Führungsenergie: Michael reinigt und klärt Energien, die Dich wahrscheinlich unbemerkt belastet haben. Danke ihm.

Erlösungsenergie: Die Spiegelung der Blockade aus deinem Umfeld ist so groß, daß zunächst die Energien außen zu erlösen sind, bevor Du in Dir die Ursache finden kannst. Mache in der Meditation ein Energiebild, um herauszufinden, an welchem Ort die Blockade am stärksten zu spüren ist. Bitte Michael um Reinigung mit der blauen Heilflamme. Danach bitte ihn aber auch, alle Energien, die er gereinigt hat, mit dem Schwert abzutrennen, damit das Energiefeld vollkommen frei wird.

Affirmation: Deine blaue Heilflamme reinigt, klärt und erhellt Körper, Seele und Geist.

20
Michael - Weisheit - dunkelblaue Farbe

Führungsenergie: Michael schenkt Dir göttliche Weisheit.

Erlösungsenergie: Göttliche Weisheit ist nötig, damit Du für die Engel die richtige Bitte formulieren kannst.

Affirmation: Deine blaue Heilfarbe gibt mir die Weisheit zum Verständnis der kosmischen Gesetze.

21
Michael - Glaube - dunkelblaue Farbe

Führungsenergie: Dein Glaube wird gestärkt.

Erlösungsenergie: Bezüglich Deines Problems bist Du in Zweifeln und Ängsten gefangen. Göttlicher Glaube ist dringend erforderlich.

Affirmation: Der Glaube an Deine Kraft und Führung stärkt mich.

22
Michael - Eingebung - dunkelblaue Farbe

Führungsenergie: Die geistige Erkenntnis auf Grund einer göttlichen Eingebung findet statt. Das Spektrum der Erkenntnisse wird erweitert.

Erlösungsenergie: Göttliche Eingebung wird gebraucht, um sich der Ursache der Blockade bewußt zu werden.

Affirmation: Du stärkst meinen Glauben an göttliche Eingebungen.

23
Michael - Inspiration - dunkelblaues Licht

Die Inspiration ist die göttliche Umsetzung und das richtige Zusammenfügen der Eingebungen.

Führungsenergie: Es drängt Dich nach Verwirklichung, nachdem sich Deine Eingebungen wie in einem Puzzle zusammenfügen.

Erlösungsenergie: Die Blockade liegt meist darin begründet, daß Du sehr viele Eingebungen in Form von Ideen bekommst, aber das Energiefeld zu stark vom Wissen und von der Meinung anderer Menschen beeinflußt ist. Bitte Michael um Inspirationen.

Affirmation: Dein Licht inspiriert mich zu immer neuen, höheren Zielen.

24
Michael - Demut - dunkelblaue Farbe

Führungsenergie: Die Karte zeigt, daß göttliche Demut Dein Wesen und Sein erfüllt und in Dir wirkt.

Erlösungsenergie: Hochmut verhindert die Lösung der Blockade. Bitte Michael, mit dem Licht der Demut alle Energien und Verhaltensmuster, die mit Hochmut in Verbindung stehen, zu erlösen und zu transformieren.

Affirmation: Du lehrst mich, in Demut das Geschenk des Lebens entgegenzunehmen.

25
Michael - Beschützerengel - dunkelblaue Farbe

Führungsenergie: Die Beschützerengel sind für Dich wirksam.

Erlösungsenergie: Göttlicher Schutz ist erforderlich. Bitte Michael, seine Beschützerengel wirken zu lassen, damit sie Dein ganzes Wesen und Sein behüten. Deine Energiefelder sind in Bedrängnis, meistens von Energien aus jenseitigen Bereichen.

Affirmation: Deine Beschützerengel stehen mir mit ihrem Licht zur Seite, wann immer ich sie brauche.

26
Michael - Feuer-Element- rotoranges Licht

Führungsenergie: Die Karte zeigt, daß Deine Feuerenergie im Gleichgewicht ist. Diese Balance wird verstärkt und stabilisiert. Sie zeigt auch, daß Ausgeglichenheit zwischen Aktivität und Passivität gegeben ist.

Erlösungsenergie: Dein Energiefeld ist stark in Disharmonie geraten. Du bist entweder gereizt und überaktiv oder zu passiv und deprimiert. Bitte Michael, Deine Feuerenergie in die Balance zu bringen.

Affirmation: Indem Du in mir das Feuer der Erkenntnis entfachst, führst Du mich zu Harmonie.

27
Michael - Helferengel - gelbes Licht

Führungsenergie: Die Helferengel Michaels sind für Dich aktiv wirksam.

Erlösungsenergie: Die Blockade ist so vertrackt und verwickelt, daß es vieler Engel bedarf, um sie in Dir und den daran Beteiligten zu erlösen.

Affirmation: Deine Helferengel schenken mir Liebe und Hilfe, wann immer ich sie brauche.

28
Michael - Gleichgewicht - gelbe Heilfarbe

Führungsenergie: Ausgewogenheit wirkt in Dir.

Erlösungsenergie: Die Blockade beruht auf dem Fehlen des Gleichgewichtes beider Kräfte Yin und Yang. Du bist zu sehr in einem der Pole verankert. Bitte Michael, die Kraft des Gleichgewichtes wirken zu lassen.

Affirmation: Du führst mich zu meiner Mitte, schenkst inneres Gleichgewicht und Balance im Äußeren.

29
Michael - Ruhe - gelbe Farbe

Führungsenergie: Göttliche Ruhe hat sich in Deinen Energiefeldern ausgebreitet.

Erlösungsenergie: Göttliche Ruhe ist notwendig, um wieder klarer Führung und Inspiration teilhaftig zu werden, damit die Angelegenheit zum Wohle aller Beteiligten endet.

Affirmation: Du strahlst in starker, ruhiger Kraft, die sich auf mich überträgt.

30
Michael - Frieden - gelbe Farbe

Führungsenergie: Göttlicher Friede erfüllt die Energiefelder. Es manifestiert sich dort, wo das Licht am meisten gebraucht wird.

Erlösungsenergie: Die Energien in Dir sind in Kampf und Widerstreit verflochten. Streß, Unruhe und Chaos haben die Oberhand. Der göttliche Friede bringt Klarheit und Erkenntnis, um die Situation weiter klären zu können.

Affirmation: Du führst mich zu innerem Frieden.

31
Michael - Gelassenheit - gelbe Farbe

Führungsenergie: In Dir wird Gelassenheit manifestiert, und Energie fließt in göttlichem Sinne.

Erlösungsenergie: Die Karte zeigt an, daß Dein Problem bereits erlöst ist. Da Du aber auf der sichtbaren Ebene keine Ergebnisse erkennen kannst, blockieren Unruhe und Sorgen die Umsetzung. Göttliche Gelassenheit erlöst die gestauten Energien.

Affirmation: Du lehrst mich, in allen Situationen innere Gelassenheit zu bewahren.

32
Michael - Dankbarkeit - gelbe Farbe

Führungsenergie: Dankbarkeit hat Dich erfüllt und setzt sich um.

Erlösungsenergie: Unzufriedenheit, Zweifel und Unmut halten Dich fest und machen Dich verkrampft. Bitte Michael, Dir Dankbarkeit zu schenken, damit Du wieder die Wunder des Lebens sehen kannst.

Affirmation: Dankbar nehme ich alle Geschenke an, die das Leben für mich bereithält.

33
Michael - Freude - gelbe Farbe

Führungsenergie: Die göttliche Freude ist die Grundstufe zur Glückseligkeit.

Erlösungsenergie: Schmerz, Trauer, Schwermut, Resignation: blockieren Dich. Göttliche Freude befreit die Energien.

Affirmation: Du lehrst mich, freudvoll allen Herausforderungen des Lebens zu begegnen.

Der *Erzengel Gabriel* und seine Engel erscheinen in verschiedensten hellblauen Farbschwingungen. Auf der Energiefrequenz des Ätherkörpers ist das hellblaue Licht mit silbernen Farbschwingungen durchwirkt.

34
Gabriel - Ätherkörper - hellblaue und silberne Farbe

Führungsenergie: Gabriel hebt die Schwingungsfrequenz Deines Ätherkörpers an.

Erlösungsenergie: Energien im Ätherkörper blockieren eine Umsetzung - die Erlösung der Angelegenheit. Bitte Gabriel, mit seinem Licht zu helfen.

Affirmation: Dein Licht erleuchtet meinen Ätherkörper.

35
Gabriel - Wasser-Element - Farbe: hell- bis leicht dunkelblau

Führungsenergie: Deine Lebensenergie ist derzeit im göttlichen Fluß; Harmonie manifestiert sich.

Erlösungsenergie: Starre, Festhalten und Einengung halten Dich in ihrer Energie gefangen. Göttliches Fließenlassen des Elementes Wasser kann helfen.

Affirmation: Mit Deiner Hilfe kann ich mich dem Fluß der Ereignisse offen hingeben.

36
Gabriel - Offenheit - hellblaues Licht

Führungsenergie: Du bist derzeit offen und im Jetzt. Gabriel schützt und führt Dich in dieser Energiefrequenz.

Erlösungsenergie: Die derzeitige Lage ist durch Starrheit und Begrenzung entstanden. Bitte um göttliche Öffnung, damit sich neue Betrachtungsmöglichkeiten ergeben werden.

Affirmation: Mit Deinem Licht kann ich in allen Situationen ganz offen sein.

37
Gabriel - Annehmen - hellblaue Farbe

Führungsenergie: Diese Karte will Dir sagen, daß Du jetzt dabei bist, wirklich anzunehmen und geschehen zu lassen. Gabriel hilft dabei.

Erlösungsenergie: Du kämpfst in diesen Energiebereichen; das verhindert eine Veränderung. Bitte Gabriel um Hilfe für das Annehmen und Einverstandensein.

Affirmation: Du lehrst mich, alles, was das Leben für mich bereithält, anzunehmen.

38
Gabriel - Befreiung - Farbe: Hellblau

Führungsenergie: Befreiung wirkt in deinem Wesen. Größere Dimensionen werden Dir eröffnet.

Erlösungsenergie: Die Karte weist darauf hin, daß es fast vollbracht ist. Der vorletzte Schritt zur Erlösung ist getan. Bitte um vollkommene Befreiung.

Affirmation: Dein Licht befreit mich von Täuschungen und Abhängigkeiten.

39
Gabriel - Loslassen - hellblaue Farbe

Führungsenergie: Es kann transformiert werden, da Du jetzt wirklich losläßt.

Erlösungsenergie: Die Karte zeigt ganz klar, daß Du leider noch festhältst und damit blockierst.

Affirmation: Du hilfst mir, alte Verhaltensmuster loszulassen und mich einer höheren Kraft anzuvertrauen.

40
Gabriel - Erlösung - hellblaues Licht

Führungsenergie: Gabriel führt, lenkt und schützt die Erlösungsenergien. Die Erlösung findet statt.

Erlösungsenergie: Die Blockade oder das Problem ist soweit geklärt. Die tatsächliche Erlösung kann eintreten, aber erst, wenn der Erzengel Gabriel Deinen Auftrag entgegennehmen kann. Er wartet auf Deine Bitte.

Affirmation: Dein Licht der Erlösung leuchtet jetzt und immer für mich.

41
Gabriel - Leichtigkeit - hellblaues Licht

Führungsenergie: Du siehst das Dasein in dieser Welt spielerisch leicht.

Erlösungsenergie: Noch haben Schwermut, Anstrengung und Kampf Macht über Dich. Das Licht der Leichtigkeit wird Dich davon befreien.

Affirmation: Deine göttliche Führung erfüllt mich mit Leichtigkeit.

42
Gabriel - Freiheit - hellblaue Farbe

Führungsenergie: Die göttliche Freiheit trägt Dich auf den Flügeln der Freude.

Erlösungsenergie: Bitte Gabriel, die Verhaltensmuster von Eigenbegrenzung, Ablehnung und Einschränkungen zu entwirren und zu lösen.

Affirmation: In Deinem Licht fühle ich mich frei, vital und voller Lebenskraft.

43
Gabriel - Ausdruck - hellblaue Farbe

Führungsenergie: Kreativität kann fließen.

Erlösungsenergie: Innerer Druck und Spannungen halten Dich gefangen. Selbstwertgefühl und Kreativität sind nicht frei. Bitte Gabriel, Dich davon zu befreien.

Affirmation: Durch Dein Licht kann die kosmische Ordnung in mir zum Ausdruck kommen.

Der *Erzengel Raphael*, der Heiler Gottes, und seine Engel, wirken in verschiedenen grünen Farbschwingungsfrequenzen.

44
Raphael - Mentalkörper - Grüne Farbe, die manchmal auch hellblau erscheint.

Führungsenergie: Der Mentalkörper wird von Raphael geleitet. Die Intuition hat die Führung.

Erlösungsenergie: Dein Mentalkörper benötigt Klärung und Harmonie. Bitte Raphael darum.

Affirmation: Deine Heilflamme erleuchtet meinen Mentalkörper.

45
Raphael - Intuitition - Grüne, auch hellblaue Farbe

Führungsenergie: Dein intuitiver Mentalkörper wird derzeit besonders geschützt.

Erlösungsenergie: Die Intuition ist leider blockiert. Du arbeitest zur Zeit sehr intellektuell.

Affirmation: Dein Licht stärkt meine weiblichen, intuitiven Kräfte.

46
Raphael - Intellekt - grünes Licht, manchmal zu silber tendierend

Führungsenergie: Durch Gebete, Affirmationen und so weiter vollzieht Dein intellektueller Mentalkörper momentan die richtige Arbeit, nämlich das göttliche Erschaffen, die Umsetzung der intuitiven Inspiration zur Verwirklichungsenergie.

Erlösungsenergie: Mit dem intellektuell begrenzten Verstand zerlegst und analysierst Du die Angelegenheit, und dazu noch mit zu hoher Bewertung und Beurteilung.

Bitte Raphael, die inneren verstandesmäßigen Lösungsversuche abzustellen, indem er Deinen intellektuellen Mentalkörper in Harmonie bringt.

Affirmation: Dein Licht bringt meine Gedanken zur Ruhe und in Harmonie.

47
Raphael - Luft-Element - hellgrün bis silbern schimmerndes Licht

Führungsenergie: Das Element Luft ist in Balance. Göttliche Leichtigkeit trägt Dich.

Erlösungsenergie: Du bist derzeit sehr empfindlich, oder Du erlebst den Gegenpol. Du hast total abgehoben und schwebst sozusagen in der Luft; Du bist realitätsfern. Raphael harmonisiert das Element Luft wieder. Bitte ihn darum.

Affirmation: Dein Licht verleiht mir Leichtigkeit und Beweglichkeit.

48
Raphael - Vergebung - grünes Licht

Führungsenergie: Die Karte zeigt an, daß Raphael Dir mit seiner Energie hilft zu vergeben. Du lernst, Meinungen anderer zu akzeptieren und zu bewerten, seien sie auch widersprüchlich zu deinem Standpunkt.

Erlösungsenergie: Du bist in Kräfte verstrickt, die Dich unbewußt glauben machen, daß andere Menschen an der Situation schuld sind. Die Vergebung ist der Schlüssel zur Lösung. Bitte Raphael um Hilfe, Dir selbst und allen Beteiligten zu vergeben.

Affirmation: Mit Deiner Hilfe lerne ich, vollkommen zu vergeben.

49
Raphael - Geben - grünes Licht

Führungsenergie: Du bist offen und kannst geben. Nur wer gibt, kann auch empfangen. Danke Raphael dafür.

Erlösungsenergie: Du bist zu verschlossen und kannst nicht erkennen, was Du alles geben könntest. Du erkennst nicht den Wert Deines Daseins und Wesens. Raphael hilft, Dich selbst, und damit Deinen Wert, wiederzufinden.

Affirmation: Du lehrst mich, mein Herz im Geben zu verschenken.

50
Raphael - Hingabe - grünes Licht

Führungsenergie: Du bist in göttlicher Hingabe geführt und darin verwurzelt.

Erlösungsenergie: Du erkennst im Problem nur die Oberfläche, das äußere Erscheinungsbild. Da zur Eingebung die momentan blockierte Hingabe gebraucht wird, bitte Raphael, Dir Hingabe zum Göttlichen zu schenken.

Affirmation: Dein Licht leitet mich zu völliger Hingabe an die göttliche Führung.

51
Raphael - Heilung - grüne Heilfarbe

Führungsenergie: Raphael heilt in Dir Energien.

Erlösungsenergie: Du bittest um Erlösung aus der gegenwärtigen Situation. Raphael weiß, auf welcher Ebene er Dir Heilung schenken kann.

Die Karte zeigt aber auch, daß Du bereits vergeben hast. Ohne Vergebung ist Heilung nicht möglich.

Affirmation: Mit Deinem Licht können Heilkräfte in mir und durch mich wirken.

52
Raphael - Harmonie - grünes Licht

Führungsenergie: Harmonie und Balance ist gegeben, Du fühlst Dich wohl.

Erlösungsenergie: Disharmonie, Unruhe und Reizbarkeit halten Dich fest. Göttliche Harmonie befreit Dich aus dieser belastenden Energiefrequenz.

Affirmation: Dein Licht führt mich zur Mitte und schenkt vollkommene Harmonie.

Der *Erzengel Haniel* wirkt mit seinen Engeln in rosa Heilfarben. Ihre Kräfte sind vornehmlich sanfter Natur.

53
Haniel - Liebe - rosafarbenes Licht

Führungsenergie: Göttliche Liebe trägt Dich.

Erlösungsenergie: Dir fehlt derzeit die göttliche Liebe. Dadurch ist alles versperrt. Göttliche Liebe löst alles. Bitte Haniel um das Licht der Liebe. Alles wandelt sich zum Guten.

Affirmation: Deine Liebe durchströmt mich, ich kann sie nehmen und weitergeben.

54
Haniel - Sanftmut - rosa Licht

Führungsenergie: Du bist in der Energiefrequenz, in der die Sanftmut ihre Milde ausbreitet. Du hast derzeit den Mut, in Liebe zu wirken. Haniel gibt Dir dazu göttliches Verstehen.

Erlösungsenergie: Energien stecken verhärtet in alten Verhaltensmustern. Das offenbart sich in einer starren Haltung. Der Erzengel Haniel schenkt göttliche Sanftmut, die diese Haltung zum Verschwinden bringt und die Dich zur Liebe zurückgeleitet.

Affirmation: Dein Licht läßt mich zugleich sanft und mutig sein.

55
Haniel - Zärtlichkeit - rosa Licht

Führungsenergie: In einer Welt, in der scheinbar Stärke und Rücksichtslosigkeit die Oberhand behalten, zeigt Haniel Dir mit dem Licht der Zärtlichkeit den besseren Weg.

Erlösungsenergie: Hinsichtlich Deines derzeitigen Problemes bist Du in die Rolle der Kampfes und der Härte gerutscht. Du meinst, daß Du Dich unbedingt durchsetzen mußt, weil angeblich nur die Harten durchkommen. Bitte Haniel, mit Hilfe des Lichtes der Zärtlichkeit diese Verhaltensmuster zu erlösen.

Affirmation: Dein Licht und Deine Zärtlichkeit umfangen mich in Geborgenheit.

56
Haniel - Verzeihen - rosa Licht

Führungsenergie: Haniel führt in die Frequenz des Verzeihens. Du bist bereit, Irrtümer und Unzulänglichkeiten in deinem Umfeld zu verzeihen. Auch Dir selbst verzeihst Du Fehler und unerlöste Energien.

Erlösungsenergie: Du beharrst auf deinem Recht und spielst den Beleidigten. Du versuchst auf diese Weise, alte Illusionen und Verhaltensmuster nicht zu verlieren. Das Licht des Verzeihens ist dringend notwendig, um die richtigen Energien wieder in Fluß zu bringen.

Affirmation: Unter Deiner Anleitung lerne ich, wirklich zu verzeihen.

57
Haniel - Verstehen - rosa Licht

Führungsenergie: Du erreichst göttliche Erkenntnis. Du erkennst die Wahrheit hinter dem Schein der Oberflächlichkeit und hinter Blendwerk.

Erlösungsenergie: Die Karte zeigt Dir, daß Du schon sehr viel erlöst hast. Nun wird es möglich, durch Verstehen die Umwandlung einzuleiten.

Affirmation: In Deinem Licht kann ich die kosmischen Gesetze verstehen.

58
Haniel - Verständigung - rosa Licht

Führungsenergie: Du hast die Hilfe und den Schutz Haniels, damit die Kommunikation mit den Engeln aufrechterhalten bleibt.

Erlösungsenergie: Es liegt eine Störung im Kontakt mit deinem Sonnenengel und den Erzengeln vor. Die Kommunikation ist blockiert, weil Du auf intellektueller Ebene mit den Menschen verbunden bist. Bitte Haniel um Herstellung der Rückverbindung zum Sonnenengel und den Erzengeln.

Affirmation: Dein Licht führt mich zu echtem Verstehen.

59
Haniel-Raphael - Verwandlung - grünrosa Licht

Führungsenergie: Das grünrosa Heillicht wandelt Deine hinderlichen Energien um.

Erlösungsenergie: Die Karte verkündet Dir, daß jetzt die Umwandlung beginnen kann.

Affirmation: In Eurem Licht begegne ich allen Veränderungen offen.

60
Haniel-Raphael - Transformation - Rosagrünes Licht

Führungsenergie: Die Umwandlung der Energien ist geschehen, die göttliche Transformation beginnt zu wirken. Die Energien, die zur Erlösung bereit sind, werden transformiert.

Erlösungsenergie: Die blockierten Energien sind so weit umgewandelt, daß sie transformiert werden können. Bitte

Haniel und Raphael, dies zu vollbringen. Bei der Transformation überwiegt die rosa Heilfarbe. Die grüne Farbe Raphaels bringt die Heilungsenergie, die die blockierten Kräfte im Energiefeld lösen können.

Affirmation: Ihr führt mich mit Eurem Licht zu wahrer Befreiung und Erleuchtung.

Der *Erzengel Camael* und seine Engel wirken in verschiedenen orangen Farbnuancen.

61
Camael - Achtsamkeit - Orange Heilfarbe

Führungsenergie: Unter der Führung Camaels übernimmst Du Verantwortung über die Energien und Dein Tun und Handeln. Danke ihm.

Erlösungsenergie: Bei Deinem derzeitgen Problem hast Du die Kontrolle über Deine Energien verloren. Negative Blockaden beeinflussen Dein Energiefeld und verursachen Disharmonie, Zermürbung und Ängste. Bitte Camael, alle Energien, in denen Du die Macht an andere Wesen und Mächte abgetreten hast, von Dir zu lösen und das Energiefeld wieder unter göttliche Führung zu stellen.

Affirmation: Dein Licht führt mich zur Achtsamkeit im Umgang mit allen Wesen.

62
Camael - Ausdauer - orange Farbe

Führungsenergie: Camael schenkt Dir die Kraft zu Ausdauer und Konsequenz. Unter der Führung des Sonnenengels bist Du beständig und folgst seiner Eingebung und Inspiration.

Erlösungsenergie: Die Karte will Dir sagen, daß Du vom Weg abgekommen bist. Du hast zu viel Meinungen und vom Wissen anderer übernommen, suchst immer Neues, bist rast- und ruhelos. Bitte Camael um Ausdauer, damit Du wieder beharrlich der inneren Führung folgen kannst.

Affirmation: Du führst mich zu Ausdauer und schenkst mir damit innere Kraft.

63
Camael - Stabilität - oranges Licht

Führungsenergie: Du bist hier auf der Erde gut verwurzelt und kannst das geistige Wissen umsetzen. Deine derzeitige Stabilität ist vielen eine Hilfe und vermittelt Glauben und Vertrauen.

Erlösungsenergie: Die Angelegenheit ist durch Deine Zweifel und Unsicherheit zum Stillstand gekommen. Bitte Camael, mit dem Licht der Stabilität zu helfen. Du sollst wieder inneren Halt und Vertrauen in Dir selbst finden.

Affirmation: Dein Licht führt mich zu stabilem Gleichgewicht.

64
Camael - Sicherheit - orange Heilfarbe

Führungsenergie: Du bist gut verankert und hast Kraft und Willen. Die Sicherheit, in der Dich Camael lenkt, schenkt auch Vertrauen und Selbstwert.

Erlösungsenergie: Die Rückverbindung zum Sonnenengel und den Erzengeln ist zumindest teilweise unterbrochen. In die Eingebungen haben sich falsche, negative Komponenten eingeschlichen. Bitte Camael, den Energiekanal zu deinem Sonnenengel mit dem Licht der Sicherheit zu klären und zu reinigen.

Affirmation: Du gibst mir die Sicherheit einer starken Verbindung zu Gott.

65
Camael - Vertrauen - oranges Licht

Führungsenergie: In deinem göttlichen Vertrauen schützt Camael Dein Engergiefeld. Danke ihm.

Erlösungsenergie: In der momentanen Schwierigkeit ist das Vertrauen geschwunden. Äußere Einflüsse und Spiegelungen haben Chaos und Zweifel herbeigeführt. Bitte Camael um die Gabe des Vertrauens, damit die blockierten Energien die Macht verlieren.

Affirmation: Dein Licht schenkt mir Vertrauen in die Erfüllung meines Daseins.

66
Camael - Selbstwert - orange Farbe

Führungsenergie: In diesen Tagen wirst Du im äußeren Erscheinungsbild Anerkennung, Lob und großen Wert erfahren.

Erlösungsenergie: Du hast ein Gefühl der Minderwertigkeit, glaubst, unnütz zu sein und übervorteilt zu werden. Du bist sowohl untertänig als auch unzufrieden. Camael wird diese Mängel und Verlustenergien auflösen und transformieren. Bitte ihn darum.

Affirmation: Dein Licht erhöht meinen gesunden Selbstwert.

67
Camael - Beziehungen - oranges Licht

Führungsenergie: Die Kommunikation und Anerkennung, die Du bekommst, sind in göttlicher Führung.

Erlösungsenergie: Begrenzung und Einengung beherrschen Dich. Du hast das Gefühl, Dich total zurückziehen zu müssen. Vertrauen und Selbstwert sind damit blockiert. Bitte Camael, das richtige Gefüge aller Zwischenmenschlichkeit zurückzubringen.

Affirmation: Dein Licht bringt Offenheit und Freude in meine zwischenmenschlichen Beziehungen.

68
Camael - Partnerschaft - oranges Licht

Führungsenergie: Deine Partnerschaft ist in der Führung Camaels. Bist Du auf der Suche nach deinem Wunschpartner, zeigt die Karte Dir, daß der Erzengel den Wunsch angenommen hat und für Dich wirkt.

Erlösungsenergie: Die Hilfe des Erzengels ist notwendig. Bitte ihn, mit dem Licht der Partnerschaft Klarheit zu vermitteln. Mache ein Energiebild über alle Aufträge, die die Partnerschaft betreffen - es wird Dir die Begrenzungen und Einschränkungen offenbaren.

Affirmation: Dein Licht stärkt und erfüllt meine Partnerschaft.

Der *Erzengel Uriel* erscheint mit seinen Engeln in den göttlichen Heilfarben rot und orange.

69
Uriel - Physischer Körper - orangerote Farbe

Führungsenergie: Die Energien Deines physischen Körpers sind ausgeglichen. Du hast die schützende Führung des Erzengels auf physischem Bereich.

Erlösungsenergie: Entweder bist Du momentan vorwiegend auf Deinen physischen Körper fixiert, weil Du ihn als sichtbaren Körper als einzige Realität anerkennst, oder Du erfährst den Gegenpol: Du lehnst die Physis ab und hältst nur einseitig die geistige Arbeit für wichtig. In jedem Fall fehlt die Balance. Uriel hilft, daß Du den physischen Körper wieder als Tempel und Träger des göttlichen Geistes erfahren kannst.

138

Affirmation: Dein Licht strömt in meinen Körper und gibt mir Freude am Dasein.

70
Uriel - Erd-Element - orangerotes Licht

Führungsenergie: Zwischen deinem täglichen Tun und Schaffen und deiner geistigen Arbeit besteht Ausgewogenheit. Die Karte zeigt auch, daß harmonisches Verhältnis zwischen Aktivität und Entspannung besteht.

Erlösungsenergie: Du empfindest das Leben in dieser Zeit als schwer, belastend und mühevoll. Als Gegenpol hast Du zuwenig Erdenergie. Das äußert sich darin, daß Du am liebsten gar nicht hier wärst. Du siehst alles mit dem geistigen Auge, abgehoben und realitätsfern.

Affirmation: Dein Licht schenkt mir die Kraft der Erde und die Liebe zur Schöpfung.

71
Uriel - Kreativität - rote Farbe

Führungsenergie: Du kannst Deine Kreativität verwirklichen und ausdrücken, was dir große Freude und Selbstbestätigung gibt.

Erlösungsenergie: Deine Kreativität und Ausdrucksform, Dein Höheres Selbst ist in der Umsetzung blockiert. Irgendwo schenkst Du anderen Menschen zuviel Macht und wirst in deinem Wert bevormundet. Damit ist auch der Selbstwert blockiert.

Affirmation: Dein Licht läßt die Kreativität in mir zur Entfaltung kommen.

72
Uriel - Erfüllung - rote Heilfarbe

Führungsenergie: Uriel offenbart Dir Gelegenheiten und Möglichkeiten, daß sich Deine Wünsche und Aufträge umsetzen können. Erzengel Metatron hat seine Arbeit an der geistigen Verwirklichung abgeschlossen und jetzt Uriel zur Erfüllung übergeben. Deine persönlichen Wunder stehen vor der Tür.

Erlösungsenergie: In den geistigen Energiefrequenzen ist alles erschaffen, aber die Erfüllungsenergie ist blockiert. Im Energiebild aller Einstellungen/Verhaltensmuster gewinnst Du die Erkenntnis, wo Deine Gedanken die Erfüllung verhindert. Meistens fehlt der Glaube, daß für die Engel alle Möglichkeiten offenstehen, Dir die Erfüllung zu schenken.

Affirmation: Dein Licht erfüllt mich mit Kraft und Vertrauen.

73
Uriel - Umsetzung - rote Heilfarbe

Führungsenergie: Uriel ist von der geistigen Erfüllung in die Umsetzungsenergie gegangen und wirkt hier. Du hast das Gefühl, daß sich jetzt der erwünschte Erfolgt einstellt.

Erlösungsenergie: Die Umsetzung ist blockiert, Du merkst das als Gefühl der Leere, Minderwertigkeit und Resignation. »Warum geht nichts mehr weiter?« Bitte Uriel, diese destruktiven Energien mit seinem Licht der Umsetzung zu erfüllen und damit zu transformieren.

Affirmation: In Deinem Licht setze ich meine Visionen in die Tat um.

74

Uriel - Manifestation - rote Heilfarbe

Führungsenergie: Es ist vollbracht! Auf leisen Sohlen, für Außenstehende oft unfaßbar und als Glück oder Zufall betrachtet, hat sich Deine geistige konsequente Ausdauer gelohnt. Alle Beteiligten sind zufrieden, göttliche Manifestation findet statt. Danke den Engeln.

Erlösungsenergie: Der letzte Schritt ist noch blockiert, die Manifestation. Es muß irgendwelche begrenzte Vorstellungen geben, denen Du nachhängst. Sie verhindern Dein Zulassen der Offenbarung und Manifestation. Bitte daher Uriel und Metatron, Licht in alle Bereiche zu tragen, die der Manifestation hinderlich sind, damit Du Erlösung von diesen Energien erfahren kannst.

Affirmation: In Deinem Licht manifestiert sich der Erfolg.

75
Sonnenengel - Farbe individuell, für jeden einzigartig

Führungsenergie: Dein Sonnenengel umarmt, schützt und führt Dich. Du bist in seinem Licht und Segen geborgen.

Erlösungsenergie: Der Sonnenengel will Dir zeigen, daß er die Angelegenheit für Dich lösen kann, oder aber, daß Du ihm mehr Vertrauen entgegen bringen solltest.

Affirmation: Du, mein göttliches, höheres Selbst, bitte lenke mich.

76
Japhkiel - Läuterung - meistens goldenes Licht

Führungsenergie: Erzengel Japhkiel wirkt in deinem Umfeld. Er klärt Energien, die nicht vollständig erlöst und transformiert worden sind, als der Erzengel Michael mit der blauen Heilflamme sie gereinigt und freigebrannt hat.

Erlösungsenergie: Die Karte zeigt, daß in den Energiefeldern, in denen Du wirkst, noch festgehaltene Energien bestehen. Meistens sind das Energien, die durch die Ausstrahlung der Personen, die längere Zeit im Energiefeld tätig waren, entstanden sind. Eine Läuterung in diese Richtung wird dringend gebraucht, damit wieder Liebe und Harmonie den Platz einnehmen.

Affirmation: Durch Dein läuterndes Licht erfahre ich Klarheit und Befreiung.

77
Andon und Elohim - Licht der Erlösung
- weißgoldenes Licht

Immer, wenn Du diese Karte bekommst, ist für die jeweilige Situation die Erlösung von Fremdenergien notwendig. Hilf bitte, die Elohim verhafteten Seelen ins Licht zu führen (detaillierte Beschreibung siehe Teil II, Seite xx).

Affirmation: Euer Licht der Erlösung spendet mir Gande und Segen.

78
Seraphim - Licht der Wandlung - weißes und goldenes Licht

Es sind Seelen verhaftet, die nur mit Hilfe der Seraphim Erlösung, Befreiung und Transformation gewinnen können. Habe Mut und hilf den verlorenen Seelen.

Affirmation: Das göttliche Licht der Wandlung wirkt jetzt vollkommen.

Kontaktadresse

Ich freue mich über Deine Zuschriften und Erfahrungsberichte und Anfragen zu Kursen und Seminaren. Wer Kontakt mit mir aufnehmen möchte, richte sich an den Verlag. Bitte lege auch einen ausreichend frankierten (bzw. internationalen Antwortschein) und adressierten Rückumschlag bei:

Windpferd Verlag
Stichwort "Das Licht der Engel"
Postrfach
D - 87648 Aitrang

Kimberley Marooney

Engel – Himmlische Helfer

Engel-Karten für göttliche Führung und Inspiration

Engel sind himmlische Helfer, sie wollen helfen und unterstützen, die göttliche Wahrheit und Zusammenhänge zu erkennen und Hilfe und Beistand in allen Lebenslagen leisten.
Kimberley Marooneys Werk ist bestens geeignet Menschen in Kontakt mit den himmlischen Helfern zu bringen. Verschiedenste Legesysteme mit entsprechenden Interpretationen erleichtern den Weg und schon nach kurzer Zeit können wir unsere himmlischen Helfer bewußt wahrnehmen.
Je stärker wir uns der Weisheit der Engel öffnen, desto mehr werden sie uns mit ihrer unvorstellbaren Liebe und Freude umgeben.

208 Seiten und 44 Engel-Karten, DM/SFr 49,80/ÖS 369,00, ISBN 3-89385-144-5

Ursula Klinger-Raatz

Engel und Edelsteine

Die geheimnisvollen Kräfte von geschliffenen Steinen und Kristallen

Edelsteine und Kristalle bergen viele geheimnisvolle Kräfte, die dem vordergründigen Blick verborgen bleiben und ein Stein, ganz besonders ein Edelstein, ist nicht leblose Materie, sondern verdichtete, schwingende Energie. In diesem Buch geht es um die leuchtenden, durchscheinenden Edelsteine, die in geschliffener Form gerne zu Schmuck verarbeitet werden. Der Schliff des Steins – rund, oval, tropfenförmig, eckig – zeigt an, in welchem Bereich sich seine heilenden Kräfte entfalten und die Trägerin oder der Träger Schutz erfährt. Ob mit kurzer Kette am Hals, mit langer am Herzen oder als Ring am Finger getragen, die Wirkung ist immer eine andere.

224 Seiten, DM/SFr 24,80
ÖS 184,00   ISBN 3-89385-023-6